Lucifer Jones

Illustrations
de Geneviève Guénette

la courte échelle

Les éditions de la courte échelle inc.
5243, boul. Saint-Laurent
Montréal (Québec) H2T 1S4

Directrice de collection :
Annie Langlois

Révision :
Sophie Sainte-Marie

Conception graphique :
Elastik

Mise en pages :
Folio infographie

Dépôt légal, 3e trimestre 2005
Bibliothèque nationale du Québec

La courte échelle reconnaît l'aide financière du gouvernement du Canada par l'entremise du Programme d'aide au développement de l'industrie de l'édition pour ses activités d'édition. La courte échelle est aussi inscrite au programme de subvention globale du Conseil des Arts du Canada et reçoit l'appui du gouvernement du Québec par l'intermédiaire de la SODEC.

La courte échelle bénéficie également du Programme de crédit d'impôt pour l'édition de livres — Gestion SODEC — du gouvernement du Québec.

Données de catalogage avant publication (Canada)

Rousseau, Paul

Lucifer Jones

(Mon Roman ; MR20)

ISBN 2-89021-778-7

I. Guénette, Geneviève. II. Titre. III. Collection.

PS8585.O859L82 2005 jC843'.54 C2005-940976-2
PS9585.O859L82 2005

Imprimé au Canada

Paul Rousseau

Paul Rousseau est l'auteur de quelques livres pour les adultes, dont le recueil *Micro-Textes*, pour lequel il a obtenu le prix Octave-Crémazie en 1990, et le roman *Yuppie Blues*, qui a reçu une mention spéciale du jury du prix Robert-Cliche en 1993. À la courte échelle, il publie la série Alex dans la collection Mon Roman et la série Delphine et Laura dans la collection Roman Jeunesse. Pour écrire ses romans pour les jeunes, il s'inspire des aventures de ses enfants et de leur soixantaine d'amis… à deux et à quatre pattes.

Geneviève Guénette

Geneviève Guénette a étudié en design et en graphisme. Elle a été tour à tour directrice artistique pour des jeux interactifs, créatrice de décors pour des films d'animation et illustratrice. Dans ses temps libres, Geneviève fait du parachute. Elle a même son brevet de pilote d'avion. À la courte échelle, elle illustre la série d'albums Cléo Clic Clic, ainsi que la série Alex publiée dans la collection Mon Roman.

Du même auteur, à la courte échelle

Collection Roman Jeunesse

Série Delphine et Laura :
Une panthère dans la litière
Docteur Soccer
Le mystère de la piste 9

Collection Mon Roman

Série Alex :
Lucifer, mon grand-père
Lucifère Première

Paul Rousseau

Lucifer Jones

Illustrations
de Geneviève Guénette

la courte échelle

Pour Philippe Girard,
alias Phlpp Grrd

Introduction

Environ un mois plus tôt, Alex n'était encore qu'une adolescente normale, une passionnée de planche à roulettes à la tignasse d'un roux flamboyant et au caractère bouillant.

Maintenant, elle avait des cornes de chaque côté du crâne ! Deux petites excroissances osseuses de plus en plus évidentes à la racine des cheveux. Alex était aussi dotée de deux ailes et d'une queue fourchue, pour le moment invisibles. Cela lui donnait un peu de temps pour s'habituer à ces étranges attributs et à tout ce qui venait avec.

En effet, Alex était la nouvelle Lucifer. Lucifère Première. La première fille à accéder à ce poste. Et elle régnait sur la portion supérieure des enfers située à environ neuf kilomètres sous la surface de la Terre.

Cependant, l'enfer n'avait plus rien de l'abîme de feu où mijotent les pauvres pécheurs. Cela ressemblait plutôt à un immense service de comptabilité.

Et la génération actuelle de démons était composée d'enfants de l'âge d'Alex. Tous des garçons pour respecter la tradition, à l'exception d'Alex, dont le prénom avait au départ causé une méprise. Près de deux mille apprentis sous la supervision de trois sympathiques serviteurs de Lucifer.

M. Ubald, toujours un peu guindé derrière sa grosse moustache, assurait la formation des apprentis. M. Asmodée, un gros bonhomme jovial, s'occupait quant à lui des voxatographes, ces fantastiques appareils capables de filtrer jusqu'à un milliard de conversations humaines à la seconde. Ces instruments étaient fort utiles pour repérer les humains désireux de céder leur âme au diable.

Quant au troisième suppôt, le digne Antipatros Léonidas, véritable mentor pour Alex, il était détenu en prison à la surface de la Terre depuis leur dernière aventure.

Après avoir livré bataille au ciel et en enfer, la rouquine devait maintenant affronter le mal sur terre.

1

Le diable au corps

Alex se glissa hors de son lit sur la pointe des pieds. Elle s'immobilisa un moment devant la chambre de sa mère. Le souffle régulier de sa respiration la rassura. Elle dévala en silence l'escalier menant au sous-sol de sa maison et se faufila à travers les ombres jusqu'à une forme claire et massive qui luisait faiblement : la sécheuse.

La rouquine ouvrit la porte de l'appareil. Elle en tâta le fond du bout des doigts. Le déclic familier se fit entendre et l'éclairage vira au rouge. Un étroit tunnel aux parois lisses et chaudes s'ouvrit devant elle.

Alex eut une pensée pour sa mère lorsqu'elle entra dans la sécheuse. Comprendrait-elle cette nouvelle absence ? Une chose était certaine : à cause des récentes responsabilités d'Alex à titre de Lucifère, leur vie ne serait plus jamais la même.

Elle s'avança sur les genoux dans le couloir rougeoyant, sur une dizaine de mètres. Une bouffée de chaleur montant des entrailles de la Terre lui fouetta le visage. Il y eut une espèce de coup de tonnerre et elle fut aspirée par le Calorifique.

Une série de vrilles et de virages effrayants s'ensuivirent. Sauf qu'au lieu de la transporter en enfer le Calorifique la menait à la prison pour libérer Antipatros. Elle avait décidé d'agir seule.

Au terme d'une violente spirale, Alex s'écrasa, le nez contre une plaque de métal froid. Jusque-là, rien d'inhabituel. L'expulsion du Calorifique s'effectuait toujours de façon brusque et désordonnée.

Mais lorsque la rouquine tenta de pousser la plaque de métal qui normalement devait constituer le fond d'une autre sécheuse, rien

ne se produisit. Alex eut beau tâter, cogner et donner des coups de pied, le déclic ne s'opéra pas.

— Ne me dites pas que ce truc est encore brisé ! Je croyais pourtant qu'ils l'avaient réparé !

La rouquine en fut très déçue. Elle avait prévu déboucher dans la prison en passant par sa laverie. Une fois à l'intérieur, il lui aurait suffi de trouver dans quelle cellule Antipatros était détenu et de le faire sortir par la sécheuse la plus proche. Maintenant, avec cette panne, le joli plan qu'elle avait échafaudé s'effondrait.

Alex fut tout à coup très inquiète. Un bris du Calorifique pourrait avoir de graves conséquences pour le monde souterrain et pour elle-même. Elle s'imaginait mal, coincée dans cet enchevêtrement de corridors brûlants, à tournoyer sans arrêt. Il n'y avait qu'une façon de vérifier si le Calorifique était ou non hors d'usage : se rendre à la grande salle !

Aussitôt, une forte détonation retentit et Alex fut de nouveau aspirée. Quelques dizaines de vrilles plus tard, elle traversa comme une fusée la couronne de flammes qui ceinturait les enfers et elle atterrit au milieu du débarcadère du Calorifique.

« Ça fonctionne, en fin de compte, constata Alex. Et plutôt rondement d'ailleurs. » Les détonations indiquant les arrivées se succédaient. Les apprentis se posaient un peu partout autour d'elle et se précipitaient vers l'imposant portail clouté menant à la grande salle.

« Quel changement en si peu de temps », songea Alex en pénétrant dans la salle derrière les apprentis.

La circulation entre les longues rangées de tables de travail était intense. Dire qu'à son précédent passage sous terre, il y avait une trentaine de jours, l'immense enceinte était d'un vide sinistre.

Aujourd'hui, chaque pupitre était occupé par un apprenti affairé. D'autres jeunes démons enjoués travaillaient dans la crypte ou dans les entrepôts, et le va-et-vient entre les zones d'embarquement et de débarquement du Calorifique était incessant.

Alex s'approcha d'un groupe d'une cinquantaine d'apprentis disposés en demi-cercle autour de M. Ubald. Dès que le suppôt la vit, il fit signe à un petit démon vert de retourner s'asseoir. Il lissa ensuite sa moustache et s'inclina avec respect.

— Bonjour, monsieur Ubald. Des nouvelles d'Antipatros ?

— Aucune ! grimaça le suppôt.

Alex s'attendait à cette réponse. Elle en fut quand même déçue.

— L'apport de notre estimé collègue nous manque beaucoup, reprit M. Ubald sur un ton solennel. Mais puisqu'il veille sur nous de là-haut, nous tentons de nous acquitter de nos tâches de notre mieux. Voyez. Je m'efforçais de former ces apprentis au maniement de l'éclair. Au suivant !

Deux jeunes démons se mirent debout, deux apprentis qu'Alex n'avait encore jamais vus, même si, à l'évidence, ils étaient difficiles à rater puisqu'ils étaient identiques. Roux, assez grands et costauds, aux larges ailes et aux cornes bien droites, tous deux avaient un sourire en coin plein d'assurance et de défi.

— Un à la fois, messieurs, précisa M. Ubald en tortillant sa moustache.

Le premier jumeau fit un clin d'œil à Alex et leva le bras vers la cible tracée à la craie au centre d'un tableau noir. Un petit éclair jaillit de sa main fermée qu'il lança aussitôt d'un geste vif à la manière d'un couteau. Le jet de foudre perfora la cible au centre.

M. Ubald examina de son œil expert le petit trou fumant sur le tableau :

— Excellent ! Je vous rappelle cependant qu'il s'agit d'un exercice de précision et non de puissance. Alors réduisez l'intensité de votre feu. Suivant !

Le second jumeau s'avança et exécuta lui aussi un tir parfait, quoique moins destructeur,

respectant ainsi les instructions du suppôt enseignant.

Les deux frères s'inclinèrent devant M. Ubald et répétèrent leur salut pour Alex, en y ajoutant toutefois un sourire moqueur.

— Qu'est-ce qu'ils me veulent, ces deux-là ? marmonna-t-elle.

— Veux-tu essayer ? demandèrent les jumeaux en chœur.

— Regagnez vos places, s'il vous plaît, gronda M. Ubald, la moustache frissonnante.

Puis il se tourna vers Alex :

— Bien entendu, vous êtes libre de vous joindre à nous…

— C'est que… euh… je n'ai pas d'éclair sur moi en ce moment.

Alex ne savait pas que le lancer de l'éclair pouvait être enseigné. Surtout, elle ignorait comment ces éclairs fonctionnaient et n'avait aucune envie de passer pour une incapable devant tous ces apprentis qui la regardaient avec admiration.

L'un d'entre eux lui tendit son éclair d'exercice.

Alex soupira.

Dans sa main, l'éclair prit une forme bizarre juste comme elle s'apprêtait à le lancer. Au lieu d'atteindre la cible fixée par M. Ubald, la décharge partit dans tous les sens et alla se cogner aux quatre coins de la salle, à la manière d'un feu d'artifice.

Quelques rires fusèrent.

— Très joli, jeune maîtresse, mais totalement inefficace, grommela M. Ubald. Au suivant !

Rouge de colère et de honte, Alex s'éloigna en maugréant.

Au centre de la grande salle, M. Asmodée s'agitait autour d'une série d'appareils munis de fils, de claviers et d'ampoules : les fameux voxatographes.

Alex le salua en passant.

L'imposant suppôt écarta ses bras puissants.

— Salutations, maîtresse ! Saluez, vous autres, ordonna-t-il aux apprentis qui l'entouraient. C'est grâce à cette extraordinaire jeune personne que vous pouvez assister à la renaissance des enfers. Nous vous en serons reconnaissants pour l'éternité, maîtresse !

Alex rougit. Malgré ses admonestations, les suppôts, par habitude, continuaient à l'affubler de titres ronflants : maîtresse, princesse des ténèbres. On l'appelait parfois aussi par son nouveau titre, Lucifère Première. C'était assez gênant.

En quittant le secteur des voxatographes, Alex aperçut les jumeaux à une dizaine de pas derrière elle. Ils la saluèrent bien bas avec un sourire en coin. Ils devaient l'avoir suivie dans son périple à travers la grande salle.

Agacée, Alex s'arrêta près d'un petit démon à lunettes qui s'échinait à sa table de travail.

— Jérémie, dis-moi, qui sont ces deux garçons ?

Jérémie jeta un coup d'œil par-dessus l'épaule de la rouquine.

— Eux ? K-Kim et C-Cam. Des d-démons rouges comme v-vous. J-Je c-crois qu'ils sont t-très intéressés par v-votre p-personne. Ils ne cessent de s'enquérir à v-votre sujet.

— Kim et Cam ? Jamais entendu parler d'eux, marmonna Alex. Merci, Jérémie.

Le démon à lunettes se remit à son ouvrage et Alex poursuivit son chemin en repensant à ce qu'elle venait d'apprendre. Les démons rouges étaient les plus rares. Encore plus s'ils étaient jumeaux.

L'attaque survint alors qu'elle gravissait les marches de l'escalier menant au dortoir. Sa soudaineté la prit au dépourvu.

Elle détecta du coin de l'œil une lueur vive fonçant vers sa tête à toute allure.

Par pur réflexe, la rouquine opéra une culbute. Un éclair vint se ficher sur le mur de pierres devant lequel se trouvait sa tête quelques secondes plus tôt.

Alex resta accroupie entre deux marches. Elle put ainsi voir venir le second éclair et bénéficier d'une bonne demi-seconde pour planifier sa stratégie.

Elle décida cette fois de plonger. L'éclair passa au-dessus d'elle. Ses petites ailes invisibles s'étaient actionnées, et Alex réussit à planer jusqu'à l'endroit d'où les flèches de feu semblaient avoir été lancées.

Elle se buta contre les jumeaux Kim et Cam au bas de l'escalier.

— Pas mal ! s'exclama le premier avec son éternel sourire moqueur.

— Bel instinct ! renchérit l'autre.

La rouquine éclata :

— On n'a pas idée d'attaquer les gens de cette façon. C'est très dangereux. Vous êtes de parfaits idiots ou quoi ? Qu'est-ce que vous me voulez ?

Les jumeaux échangèrent un regard satisfait et s'inclinèrent.

— Nous avons fait le vœu de devenir les meilleurs démons du monde, expliqua Kim.

Nous devons vérifier nos progrès en nous mesurant à l'élite.

— Tu es bien la meilleure ici ? Sinon on ne t'aurait pas élue Lucifère Première, n'est-ce pas ? interrogea Cam.

Alex baissa la tête.

— Pas vraiment... c'est-à-dire que... peut-être.

Alex avait toujours cru qu'elle devait au hasard d'avoir été désignée Lucifère jusqu'à ce qu'elle apprenne qu'elle était réellement la petite-fille de Lucifer. Mais elle n'avait aucune envie de se laisser aller à des confidences. Surtout pas avec ces deux-là. Son caractère bouillant reprit vite le dessus.

— En réalité, ça ne vous regarde pas ! déclara-t-elle en tournant les talons.

— Tu dois accepter de nous affronter ! protesta Kim. C'est le devoir de tout Lucifer.

— Et les affrontements et les épreuves font partie de notre entraînement, ajouta Cam.

Alex se retint de rire.

— Franchement, les gars. Vous avez vu trop de films de karaté, leur jeta-t-elle en grimpant quatre à quatre les marches menant au dortoir.

* * *

Le tintement d'un trousseau de clefs fut suivi du grincement des loquets qu'on faisait glisser l'un après l'autre. La porte blindée s'entrouvrit et un rectangle de lumière envahit la cellule plongée dans le noir.

— Sors de là ! ordonna une voix rude.

La silhouette d'un homme grand et mince surgit du coin ombragé de la cellule. L'individu d'un certain âge se posta au centre du rectangle de lumière en époussetant ses manches.

— Antipatros Léonidas, pour vous servir, annonça-t-il en inclinant le buste.

— Grouille ! hurla le gardien en ouvrant la porte d'un geste brusque.

L'homme, qui en avait vu d'autres, regarda d'un œil méfiant Antipatros sortir de la cellule. D'habitude, les détenus qui émergeaient de plusieurs jours d'isolement avaient le teint blême, les yeux hagards et l'air abattu. Celui-là était aussi frais qu'une rose.

— Avance ! Tes petits copains t'attendent.

— Plaît-il ? interrogea Antipatros, le sourcil relevé.

— Ferme-la !

Antipatros se pencha avec respect.

— À votre convenance.

Le gardien commençait à bouillir. D'une poussée, il força Antipatros à se mettre en marche.

— Un problème, ici ? s'enquit un garde qui venait en sens inverse. Qui c'est, ce fanfaron ? On dirait un maître d'hôtel.

— C'est le chef du gang des incendiaires. Les autres prisonniers n'en feront qu'une bouchée.

Antipatros se retrouva au poste de garde central, devant une épaisse vitre renforcée percée de trous. Un préposé l'informa qu'on devait lui assigner un travail d'ici à son procès.

— L'administration carcérale vous offre le choix de travailler à l'entretien ménager, à la cuisine, à la laverie…

Antipatros l'interrompit d'un geste de la main pour manifester son intérêt pour la laverie. Le préposé haussa les épaules.

— Laverie, c'est plein ; cuisine aussi. Il me reste un peu de place aux ateliers. Nous avons poterie, ébénisterie et imprimerie.

Dissimulant sa déception derrière un visage impassible, Antipatros choisit l'atelier de poterie.

De l'autre côté de la vitre trouée, le préposé apposa un cachet sur un document.

— Pardonnez-nous, dit Antipatros, mais notre parapluie a été saisi lors de notre arrestation. Auriez-vous…

— Vos effets personnels vous seront rendus à la sortie, le coupa le préposé en s'éloignant du guichet.

— Si jamais il sort, ricana le gardien. Allez ! Ça suffit, le bavardage ! Avance !

Antipatros se laissa guider avec docilité dans le dédale de la prison. Son esprit était préoccupé. Il passait en revue tous les genres de fours utilisés pour cuire la poterie en souhaitant avec ardeur qu'il y en ait un assez grand pour lui.

* * *

Bien que personne ne dormît plus sous terre, on avait conservé les vestiges du dortoir intacts. L'endroit servait d'infirmerie, de salle de repos et même de cachette pour ceux qui préféraient rester à l'écart un moment.

Un adolescent portant un épais bandage sur tout le bras était étendu sur un des lits. Malgré son air peu commode, ses grandes ailes et ses cornes très recourbées de démon gris, il sourit à l'arrivée d'Alex.

— Comment va ton bras, Thomas ?

Thomas déroula son bandage. L'expression d'Alex s'assombrit quand elle découvrit la peau rouge vif et couverte de croûtes. L'épiderme avait la texture et l'apparence de la chair de poulet oublié au four.

— Comme blessure de guerre, ce n'est pas trop mal.

Thomas avait été grièvement brûlé au bras en affrontant Azramelech, un démon des grandes profondeurs. Il faut dire que l'alerte avait été chaude. Ils avaient tous failli y passer, le monde des enfers comme le monde de la surface. Le courage de l'adolescent avait contribué à renverser la situation.

— Avec l'onguent à base de cendre et de soufre d'Asmodée, sourit Thomas en brandissant un petit pot d'une substance noirâtre, les croûtes devraient finir par disparaître.

— L'enfer te doit une fière chandelle, Thomas, énonça Alex. Et il a encore besoin de toi. Je viens de tenter d'aller à la prison. Impossible d'y accéder par le Calorifique. L'accès à la laverie semble bloqué.

Thomas la contempla avec incrédulité.

— Tu as essayé de t'introduire dans la prison ? Toute seule ? Et que comptais-tu faire, une fois à l'intérieur ?

— Euh… sauver Antipatros, voyons !

— Une prison n'est pas la place d'une fille de douze ans, protesta Thomas. Il y a des gardiens partout et de dangereux détenus. C'est protégé par des barreaux électrifiés et des systèmes d'alarme compliqués.

Alex s'empourpra :

— Je suis prête à braver tous les dangers pour secourir Antipatros !

— Moi aussi, alors ! s'écria le démon gris en se levant.

Il plia et déplia son bras plusieurs fois. Ses ailes frétillèrent dans son dos.

Alex sourit. Elle n'en attendait pas moins de son copain. Thomas avait été un complice important dans ses aventures. Et elle espérait qu'il puisse retrouver la forme très vite.

— Nous aussi nous voulons y aller, princesse !

Deux anges d'une grande beauté mais un peu déplumés, suivis d'un petit garçon à l'air absent, les rejoignirent.

— Séraph ! Chéru !

Séraph 3583 et Chéru 48479, autrefois ennemis des enfers, s'étaient rapidement attachés à Alex.

— Jacob veut venir également, ajouta Chéru en prenant la main du petit garçon.

— Bonjour, Alex. Tu vas bien ? demanda Jacob avec un sourire timide.

— Très bien, Jacob, répondit la rouquine avec émotion. Bravo, les gars !

Les progrès accomplis par le jeune autiste depuis que les anges s'occupaient de lui étaient stupéfiants. Quand Alex était arrivée en enfer, le jeune plieur de verre ne parlait jamais, restant le plus souvent perdu dans son monde. Il semblait à présent pouvoir fixer son attention sur quelque chose pendant un certain temps.

Alex sentit ses yeux devenir humides. Elle était heureuse de retrouver sa bande d'amis.

— Allons-y ! lança-t-elle.

2

Les anges de Lucifer

Une vingtaine de détenus en sueur travaillaient à l'atelier de poterie sous la supervision de quatre gardiens.

Les têtes se tournèrent à l'arrivée d'Antipatros. Pendant qu'on menait le suppôt entre les tables de travail, les détenus ricanaient et se donnaient des coups de coude.

Antipatros fut placé sur un banc à gauche dans le fond de la salle, entre deux costauds couverts de tatouages.

Le suppôt s'inclina:

— Messieurs.

En guise de réponse, ses nouveaux voisins se contentèrent de lui lancer des regards méprisants.

Un de leurs tatouages attira l'attention du suppôt. Il s'agissait d'une tête de démon grimaçant entourée d'une inscription. Antipatros se pencha pour mieux voir. Sur une épaule graisseuse, il lut : LES ANGES DE LUCIFER !

Un des gardiens aboya un ordre et l'activité reprit dans la salle. Le costaud à la droite du suppôt s'empara d'une table montée sur des roulettes.

— Suis-moi, toi !

Antipatros lui emboîta le pas. Leur tâche, semblait-il, consistait à recueillir les « œuvres » des détenus maintenant prêtes pour la cuisson. En sillonnant la salle derrière la table roulante, le suppôt compta au moins dix cendriers plus ou moins ronds.

Le suppôt remarqua que plusieurs prisonniers arboraient sur leur veste un écusson montrant une tête de démon grimaçant.

— Réveille ! grogna le costaud tatoué en lui indiquant de ramener la table roulante et son chargement de poteries vers le fond de la salle.

Un autre colosse les attendait près d'un vaste four à briques dont la gueule rougeoyait.

Antipatros s'avança à grandes enjambées.

— Vous permettez ? Nous avons toujours rêvé de faire cuire des poteries.

Les deux autres détenus haussèrent les épaules. Antipatros entreprit sans tarder de déposer les cendriers dans le four.

Quelques minutes plus tard, un des costauds flanqua un coup de coude dans les côtes de son collègue.

Au lieu de se servir de la large spatule prévue à cet effet, Antipatros plaçait et déplaçait à mains nues les poteries dans le four brûlant. Il enfonçait son bras jusqu'à l'épaule dans la gueule de feu sans paraître souffrir de la chaleur intense. Les deux détenus le virent même glisser la tête à l'intérieur du four.

Antipatros eut beau en tâter le fond, aucun déclic ne se produisit. Ou bien ce four n'était pas raccordé au Calorifique, comme toutes les sécheuses, fournaises et cheminées du monde, ou bien le réseau était encore brisé.

Lorsque la tête d'Antipatros émergea du four rougeoyant, tous les regards étaient braqués sur lui. Détenus et gardiens le contemplaient, les yeux écarquillés, la bouche ouverte.

Antipatros reprit sa place, contrarié.

* * *

Après cet incident, l'attitude des détenus envers Antipatros subit une transformation marquée.

Il s'en rendit compte lors de la promenade de l'après-midi. Au lieu de le narguer ou de le menacer, les détenus qu'il croisait dans la cour intérieure de la prison se contentaient de chuchoter entre eux en le montrant du doigt.

Le suppôt méditait sur ses insuccès avec le Calorifique et sur les possibilités d'essayer bientôt une bonne vieille sécheuse, lorsqu'il constata que six individus baraqués se dirigeaient vers lui en roulant des épaules. Ils portaient tous des vestes de cuir ornées du même écusson aperçu plus tôt à l'atelier.

L'escouade de colosses s'arrêta devant Antipatros. Le plus massif d'entre eux avança son visage cicatrisé à quelques centimètres du nez du suppôt et aboya :

— Lucifer veut te voir !

Antipatros souleva un sourcil puis l'autre.

— Fort bien, messieurs, répondit-il avec un soupçon d'ironie dans la voix.

Aussitôt, les six détenus l'encadrèrent de leurs imposantes charpentes et, roulant des épaules en sens inverse, le conduisirent jusqu'à des gradins au bout de la cour.

Les détenus qui y prenaient un peu de soleil déguerpirent à leur arrivée.

L'escouade des baraqués s'éclipsa à son tour et, pendant un long moment, Antipatros resta planté devant les gradins vides.

Un vieil homme frêle vint s'asseoir sur la première marche. Il toussota en examinant Antipatros.

— Les anges ne t'ont pas trop fait souffrir ? questionna le vieux détenu d'une voix enrouée.

Antipatros hocha la tête et murmura :

— Nous leur en sommes reconnaissant. Merci de votre bienveillance.

Le vieil homme éclata de rire.

— Ce cher vieux Antipatros ! Toujours aussi maniéré, n'est-ce pas ?

Le suppôt fronça les sourcils, intrigué.

— Aurions-nous déjà eu le plaisir de nous connaître ?

— Ludovic Jones ! Aide-suppôt jusqu'en 1947. Recyclé dans le crime depuis la déchéance des enfers. Comme tu vois, ça a plutôt mal fini. Mais ça va bientôt changer.

Le souvenir d'un jeune homme nerveux et dynamique remonta à la mémoire d'Antipatros. Il se rappelait vaguement un Ludovic Jones qui avait été l'adjoint de M. Ubald, plusieurs décennies plus tôt.

Antipatros étendit son long bras. Les deux hommes se serrèrent la main.

— Heureux de vous revoir, Ludovic… Ou devrions-nous dire… Lucifer ?

Le vieillard chassa une mouche importune du revers de la main.

— Dehors, j'étais Ludovic Jones. En prison, je suis Lucifer Jones. J'ai pensé qu'il n'y avait pas grand mal à utiliser le nom du maître. Ça sonne bien, en prison. Mon royaume maléfique est ici. Et toi ? Te voilà chef d'une bande d'incendiaires !

Antipatros baissa la tête.

— Une terrible méprise…

— Bien sûr, ricana Lucifer Jones. Tous les gars qui sont ici sont innocents, voyons. Ce n'est pas pour rien qu'on les appelle « les anges », ha, ha, ha !

Le vieux détenu se ressaisit.

— Je sais exactement ce qui s'est passé, déclara-t-il d'une voix ferme. Je sais aussi ce qui se trame sous terre : cette renaissance plus ou moins ratée des enfers à cause de cette fille, Lucifère Première. J'ai un excellent contact là-bas, ou plutôt… j'avais. Mais avant de tourner mon attention vers l'enfer, j'ai quelques projets à exécuter sur terre et qui ne sont pas piqués des vers. Et tu en fais maintenant partie, mon cher.

Antipatros souleva bien haut le sourcil droit. Lucifer Jones poursuivit en riant :

— Plusieurs de mes anges sortent de prison demain. Ils ont été arrêtés en même temps lors d'une rafle. Je leur ai confié une mission. Une mission d'envergure, tu vas voir. J'ai aussi du travail pour toi, Antipatros. Et parfaitement dans tes cordes, en plus.

Malgré son visage impassible, Antipatros se demandait ce qui l'agaçait le plus : se voir ainsi accaparé par ce Lucifer de pacotille ou entendre cet ex-aide-suppôt le tutoyer ? La dernière remarque du vieux détenu le laissa songeur.

— Et ne pense pas aux sécheuses, fours et fournaises pour t'évader. Cette aile de la prison a été construite sur les ruines d'une ancienne cathédrale. Le Calorifique ne fonctionne pas ici !

* * *

En enfer, Thomas, Alex, les deux anges et Jacob, le plieur de verre, se tenaient par la main au centre du dortoir. Ils avaient les yeux fermés et le visage concentré. On entendait un bourdonnement autour d'eux. Leurs ailes s'agitaient. Bien que les siennes fussent invisibles, Alex sentait des palpitations dans son dos.

La bande se préparait à virevoler jusqu'à la surface. Seuls les démons les plus doués et les plus avancés arrivaient à maîtriser cette technique difficile qui consistait à battre furieusement des ailes tout en pivotant. Au plus fort des battements, certains réussissaient à disparaître pour se rematérialiser à l'endroit désiré.

Les suppôts, dépourvus d'ailes, étaient incapables de virevoler et devaient recourir au Calorifique. Alex, elle, n'avait qu'une vague idée de la procédure à suivre. À part les démons noirs qui virevolaient tous, son copain Thomas, un démon gris, était sans doute le meilleur dans cette discipline.

Le bourdonnement se transforma en sifflement alors que le battement des ailes s'intensifiait. À cet instant, Thomas amorça un mouvement rotatif de gauche à droite, puis un peu de biais. Les autres l'imitèrent et ils pivotèrent ensemble. Leurs contours devinrent flous, puis inexistants, et la bande disparut des entrailles de la Terre.

Quelques dixièmes de seconde plus tard, ils réapparurent à l'entrée d'un grand bâtiment sombre entouré de béton et de barbelés.

— Ne devrions-nous pas nous trouver à l'intérieur de la prison ? demanda Alex.

— Je ne sais pas ce qui se passe. On dirait qu'une barrière invisible nous empêche de nous rematérialiser à l'intérieur. Réessayons !

Les cinq amis allaient reprendre leur manège lorsqu'une voix puissante hurla :

— HALTE !

Alex se figea sur place. Ils avaient été détectés avant même de pénétrer dans la prison.

Ça commençait mal.

— Attendez ! souffla-t-elle.

Elle scruta les alentours. La voix avait semblé venir des haut-parleurs accrochés près du portail de la prison.

— Corridor C pour les visites, poursuivit la voix métallique. Vous allez devoir patienter. Il est trop tôt.

En grinçant, le portail s'ouvrit lentement.

C'était peut-être plus simple ainsi, songea Alex en soupirant. Moins dangereux aussi. Elle indiqua à ses camarades d'avancer.

Ils n'avaient fait que quelques pas lorsqu'un mouvement au-dessus du portail attira son attention. Deux petites caméras s'orientaient vers eux en ronronnant.

— Séraph et Chéru, vite ! Rentrez vos ailes et vos auréoles, ordonna Alex. Thomas, mets ma casquette. Replie tes ailes et essaie de les dissimuler sous ton chandail.

Les grandes ailes repliées sous le tissu donnaient à Thomas des épaules de footballeur. La rouquine s'était quant à elle contentée d'ébouriffer sa tignasse pour dissimuler ses petites cornes. Quant à Jacob, il avait simplement l'air d'un garçonnet normal.

Les enfants franchirent le portail sous le regard des caméras. Ils se butèrent aussitôt contre un gardien à la physionomie rébarbative qui leur montra de sa matraque le chemin à suivre.

— Nous venons voir Antipatros Léonidas. Euh… C'est un nouveau.

En maugréant, le préposé consulta une liste collée au mur.

— Vous êtes chanceux. Il est sorti de l'isolement aujourd'hui. On va l'appeler.

Alex alla s'asseoir avec les autres dans la salle d'attente des visiteurs. Elle avait hâte de revoir le suppôt. Le parloir se remplit peu à peu de proches et de relations des détenus.

Au bout d'une demi-heure, les prisonniers commencèrent à apparaître aux guichets. Leurs parents ou amis allaient s'asseoir devant la vitre blindée qui les séparait et ils se parlaient au téléphone.

— Antipatros Léonidas, guichet 9, grésilla une voix dans l'interphone.

— J'y vais, bondit Alex.

Antipatros était déjà assis, un téléphone à la main. « Il a l'air en forme », songea Alex. Mais de le voir ainsi encadré de gardiens, tel un vulgaire criminel, lui fit monter les larmes aux yeux.

Elle empoigna le téléphone et se mit à pleurnicher dans le récepteur.

— Désolée, Anti. Je m'en veux tellement de vous avoir abandonné.

— Ce n'est rien, la rassura la voix calme et posée d'Antipatros. Permettez-nous de vous présenter nos sincères salutations, jeune Alex.

La rouquine ravala ses larmes. En dépit de la rigidité de la physionomie du suppôt, quelque chose dans son regard lui disait qu'il était content de la voir. Elle parla très vite.

— Nous allons maintenant vous aider à sortir. J'ai essayé de pénétrer dans la prison par le Calorifique, mais ça ne marche pas. Thomas est ici. Je vais l'envoyer vous déverrouiller les portes en virevolant.

Antipatros l'interrompit d'un geste.

— Au risque de vous décevoir, nous ne voulons pas sortir de prison.

Alex faillit en avaler le combiné.

— Comment ?

Antipatros approcha son visage de la vitre et, après avoir jeté un regard aux gardiens, lui fit signe d'écouter.

— Il se trame des choses étranges ici. Nous ignorons encore de quoi il s'agit exactement. Cependant, certains signes sont alarmants. Le mal couve à la surface. Soyez sur vos gardes !

Alex acquiesça pensivement. Quoique parfois surprenantes, les intuitions d'Antipatros s'étaient toujours révélées très justes. Il avait senti avant tout le monde les précédentes perturbations dans l'équilibre naturel des choses.

— Mais qui, et quand, et pourquoi ?

Antipatros jeta un coup d'œil aux gardiens avant de murmurer :

— Lucifer Jones... Nous ne pouvons vous en dire plus pour l'instant. Promettez-nous de ne pas tenter de nous secourir avant que nous ayons pu mener notre enquête.

Alex allait riposter qu'elle ne promettrait rien de ce genre lorsqu'elle sentit d'étranges pulsations dans l'air autour d'elle. L'instant d'après, les jumeaux Kim et Cam étaient plantés de chaque côté de sa chaise, un sourire moqueur sur les lèvres.

— Hé ! Vous, là-bas ! hurla le préposé. Un à la fois au guichet.

De l'autre côté de la vitre, les gardiens agrippèrent Antipatros par les épaules et le ramenèrent de force vers la section des cellules.

— Vous avez tout bousillé ! rugit Alex en foudroyant des yeux les deux démons rouges. Et cachez vos ailes, vous allez nous faire remarquer, grinça-t-elle en raccrochant.

Les jumeaux sur les talons, elle traversa la salle d'attente en donnant des coups de pied aux chaises.

— Nous tenions à te montrer que nous virevolions mieux que toi, se vanta Cam.

Alex devint soudain si rouge qu'on eut l'impression que ses cheveux allaient prendre feu.

— Non seulement je virevole mal, mais je réagis aussi très mal devant des imbéciles de votre espèce. Je ne sais pas ce qui m'empêche de vous…

Thomas, les anges et Jacob les entourèrent. Séraph et Chéru s'empressèrent de séparer Alex et les jumeaux.

— Venez. On s'en va ! lança Alex.

— Et Antipatros ?

— Il ne vient pas avec nous. Il est en mission.

* * *

Antipatros fut reconduit à la cellule qu'il partageait avec deux détenus : un des costauds de l'atelier de poterie et un barbu doté d'une tresse qui lui descendait jusqu'au milieu du dos. Le barbu à la tresse devait être de ceux qui seraient libérés le lendemain, car il achevait de placer ses affaires dans une boîte de carton.

Le suppôt salua ses compagnons de cellule. Le colosse tatoué lui indiqua du pouce la couchette qui lui était assignée. Antipatros le remercia, mais préféra installer sa grande carcasse sur une chaise droite dans un coin.

Les deux détenus échangèrent un regard entendu.

Pendant que l'un feuilletait des magazines de motos et que l'autre terminait ses bagages, Antipatros demeura assis sur sa chaise à fixer le mur devant lui. Le couvre-feu passa et le suppôt resta là, le corps raide, dans l'obscurité de la cellule.

Vers minuit, le faisceau de la lampe de poche d'un gardien qui effectuait sa tournée effleura le visage du suppôt. Ses compagnons de cellule purent constater qu'il avait maintenant les yeux fermés. Les deux prisonniers se levèrent pour se réunir à l'extrémité de la cellule.

— Est-ce que c'est un ami de Lucifer ? chuchota le barbu à la tresse.

— Pas vraiment, puisqu'il m'a demandé de le surveiller.

— Crois-tu qu'on peut parler en paix ?

— Oui, oui. Bon, il faut bien revoir le plan. Voici : trois heures après ta sortie de prison, tu rejoindras les autres au rendez-vous fixé avec le jeune. C'est lui qui te fournira l'équipement et les instructions. Connais-tu la première cible ?

— C'est un bateau, je pense ?

— Imbécile ! Le Vaisseau noir, c'est une discothèque à la mode.

— Chut ! Pas besoin de crier.

Les deux détenus jetèrent un regard vers Antipatros. Une bonne minute s'écoula avant qu'ils se remettent à murmurer.

— Comment parvient-il à dormir assis ?

— Lucifer agit de la même façon. Ça me donne froid dans le dos.

Une voix lugubre et caverneuse en provenance du fond de la cellule les fit sursauter.

— Vous êtes dans l'erreur, messieurs. À la vérité, nous ne dormons pas, justement !

Après un moment de surprise, le barbu à la tresse demanda :

— Est-ce que tu nous écoutais, là ?

— Nous n'avons pas l'habitude d'écouter les conversations qui ne sont pas destinées à

nos oreilles, répondit Antipatros. C'est pour cette raison que nous avons jugé préférable de signaler notre présence.

Peu convaincus, le barbu à la tresse et son collègue musclé regagnèrent leurs lits en silence.

3

Le Vaisseau noir

Le lendemain se déroula dans une atmosphère de grande fébrilité sous terre. Alex, M. Asmodée et M. Ubald n'avaient pas pris les avertissements d'Antipatros à la légère.

On renforça aussitôt la sécurité. Des apprentis furent postés aux entrées et aux sorties du Calorifique. Les interventions à la surface furent réduites au maximum et l'écoute des conversations terrestres sur les voxatographes fut intensifiée.

M. Ubald eut beau tortiller les pointes de sa moustache, il n'avait jamais entendu parler d'un Lucifer Jones. M. Asmodée, qui avait servi sous une longue lignée de Lucifer, ne se souvenait pas de lui non plus.

— C'est important, grommela Alex. Si Antipatros a jugé bon de mentionner ce nom, c'est qu'il pensait que ça nous aiderait.

M. Asmodée se gratta le crâne :

— Ce n'est certainement pas un démon. Aucun diable n'aurait osé emprunter le nom du prince des ténèbres. Un ancien démon peut-être ? Avec tous ceux qui se sont recyclés à la surface, on ne sait jamais !

— Il peut avoir changé de prénom ? suggéra Alex.

— L'enfer a accueilli une vaste quantité de Jones au fil des âges, soupira M. Ubald. Autant chercher une aiguille dans une botte de foin !

Ignorant où trouver ce Lucifer Jones, M. Asmodée demanda aux apprentis qui manipulaient les voxatographes d'être à l'affût de chaque référence à ce nom. Mais cette écoute attentive sur les appareils s'avéra infructueuse.

Aucune attaque ne survint, ni de la surface de la Terre, ni du plus profond des enfers.

Au départ, les apprentis réagirent avec enthousiasme à l'alerte générale. Ils prirent la chose très au sérieux, s'attendant à être confrontés à des hordes d'ennemis d'un instant à l'autre.

Comme les heures s'écoulaient sans que rien de tel se produise, les jeunes démons relâchèrent leur vigilance, et les opérateurs de voxatographes se remirent à chuchoter entre eux dès que M. Asmodée eut le dos tourné.

Alex dirigea ses énergies ailleurs. Elle convoqua les deux suppôts dans la crypte pour un conciliabule visant à établir la stratégie à adopter envers les jumeaux Kim et Cam.

M. Asmodée, un ancien cuisinier des âmes, proposa de les faire cuire à petit feu sur la flamme éternelle pour les calmer. M. Ubald, en bon professeur, suggéra un cours magistral de trois heures sur les erreurs passées de l'espèce démoniaque.

Alex dut admettre que les jumeaux rouges étaient dotés de talents exceptionnels. Aucun apprenti ne leur arrivait à la cheville. Ils étaient du calibre du détestable démon noir

Nicolas, qui s'était enfui en disgrâce après la dernière bataille des enfers.

La rouquine chercha plutôt une façon de mieux intégrer les jumeaux au groupe. Il fallait réussir à les convaincre que la vie de démon n'était pas une série d'épreuves et qu'ils avaient des tâches spécifiques à accomplir.

Un apprenti boutonneux et essoufflé fit irruption dans la crypte.

— Moi et les copains, on n'arrête pas d'entendre le nom que vous voulez qu'on surveille. Il y a même un gars qui dit qu'il préférerait vendre son âme au vrai Lucifer plutôt que de donner quoi que ce soit à Lucifer Jones.

— Vous avez conservé leurs coordonnées, j'espère, s'alarma M. Asmodée.

L'apprenti hocha plusieurs fois la tête.

— Qu'est-ce qu'on attend ? s'écria Alex.

* * *

La première chose qui frappa Alex et sa bande lorsqu'elles se rematérialisèrent à la surface fut le bruit. Un tapage énorme qu'on pouvait difficilement appeler de la musique. Et pourtant, plusieurs centaines de personnes dansaient dans ce boucan, éclairées par des projecteurs aux couleurs fluorescentes.

— Avec cette foule, ce ne sera pas facile de trouver notre homme, constata Alex.

— Quoi ? cria Thomas. C'est bon, ça ! Ça déménage !

Alex, ahurie, le regarda taper du pied et commencer à bouger des épaules.

Quelques jeunes femmes tournèrent autour des anges qui resplendissaient dans leurs robes blanches sous les spots. Le séraphin et le chérubin baissèrent la tête, très embarrassés.

Un portier s'avança vers eux, l'air menaçant.

— Dehors ! Vous n'avez pas l'âge requis pour entrer ici !

Alex, Thomas, Jacob et les deux anges se retrouvèrent sur le trottoir devant la boîte de nuit. Extirpés d'un coup sec d'un bain de bruit et de lumière, ils se sentaient comme des poissons rouges à côté de leur bocal.

— Et maintenant ? demanda Thomas.

Alex serra les dents.

— On attend !

Les cinq amis n'eurent pas à patienter longtemps.

Les portes de la discothèque s'ouvrirent avec fracas. Le portier, pourtant très costaud, fut soulevé dans les airs par des bras puissants qui le projetèrent au sein des gens qui faisaient la queue, provoquant des exclamations indignées.

Surgissant de la discothèque, une demi-douzaine de types à l'air menaçant entourèrent le pauvre portier. L'un d'entre eux, un barbu avec une longue tresse, se pencha et lui dit d'une voix forte :

— Ton patron aurait dû nous écouter. On aimerait qu'il transmette le message suivant à tous ses amis : « L'argent éloigne le feu. » D'accord ?

À demi ahuri, le portier le regarda sans comprendre. L'homme à la tresse siffla entre ses dents. Aussitôt, six autres types sortirent de l'obscurité, armés chacun d'une bouteille et d'un briquet.

— Des cocktails Molotov ! glapit Alex. Éloignons-nous, vite !

Pendant que sa bande et elle reculaient, les nouveaux venus allumèrent les bouteilles remplies d'essence et les lancèrent à l'intérieur de la boîte de nuit.

Ce fut la cohue. Les danseurs se ruèrent vers la sortie en se bousculant. En quelques instants, la discothèque fut entièrement vide.

Dehors, les clients hébétés regardèrent la boîte de nuit la plus chaude en ville se transformer en véritable brasier.

À travers le crépitement du feu, on entendit au loin les premières sirènes de pompiers.

Tout à coup, quelqu'un hurla:

— Il y a des gens coincés au deuxième étage!

Des visages paniqués se pressaient en effet aux fenêtres du deuxième étage. Des poings et des pieds frappaient sur les vitres sans pouvoir les fracasser.

— Faites quelque chose! cria une femme. Ma sœur est là-haut!

Personne ne semblait vouloir bouger.

«Ces gens ont le temps de périr dix fois avant l'arrivée des pompiers, songea Alex. Ah! et puis tant pis si on nous remarque.»

— Thomas! Avec moi! s'écria-t-elle. Les anges, restez ici avec Jacob.

Sous les cris horrifiés des badauds, la rouquine et le démon gris se jetèrent au milieu du brasier. Ils pénétrèrent dans la discothèque juste au moment où les bouteilles d'alcool du bar explosaient sous la chaleur. Les deux amis s'accroupirent.

Les démons pouvaient supporter sans mal la chaleur intense et le chatouillement des flammes, mais pas la brûlure des liquides embrasés. Thomas en savait quelque chose.

Un panneau de chrome à moitié fondu tomba à leurs pieds. Élégamment tracés en lettres de néon, on pouvait y lire les mots « Le Vaisseau noir ». Alex et Thomas se frayèrent un chemin entre les chaises et les tables renversées, puis ils se rendirent jusqu'à la piste de danse maintenant transformée en fournaise.

— J'aurais pourtant juré qu'il y avait un escalier ici, tantôt, remarqua Thomas.

— L'escalier est bien là. Ces débris en bloquent l'accès. Allons-y.

Alex et Thomas escaladèrent sans mal l'amas enflammé. De l'autre côté, l'escalier aussi était en feu. Ils gravirent quatre à quatre les marches qui brûlaient en crépitant.

À l'étage, ils trouvèrent une vingtaine de personnes entassées dans un coin. La pièce enfumée avait jusqu'ici échappé aux flammes.

Une femme affolée s'agrippa aux jambes d'Alex.

— Aidez-nous à sortir d'ici, pleurnicha-t-elle.

Alex tenta de la rassurer d'un sourire, mais la femme resserra son étreinte, l'empêchant d'avancer. « Ces personnes sont dans un état de panique extrême », nota la rouquine. Il serait impossible de recourir à un virevolage collectif. Alex grimaça. Thomas n'aurait jamais le temps de les sortir de là un par un.

Le vacarme derrière elle lui indiqua que l'escalier venait de s'effondrer. « Une autre option d'éliminée », se dit-elle. La situation se compliquait drôlement.

Soudain, un courant d'air frais parvint jusqu'à leurs narines. « Quelqu'un a réussi à ouvrir une fenêtre, songea Alex. Les pompiers, sans doute. » Elle n'avait pourtant pas entendu de fracas.

Aussitôt, des gens commencèrent à sortir par là. La femme qui s'agrippait à Alex la lâcha pour se précipiter dans cette direction. Il y eut encore une fois une cohue vers les fenêtres.

Alex et Thomas se retrouvèrent seuls avec ceux qui gisaient inconscients. Il y en avait trois ou quatre. Alex aida Thomas à les traîner jusqu'à la fenêtre la plus proche.

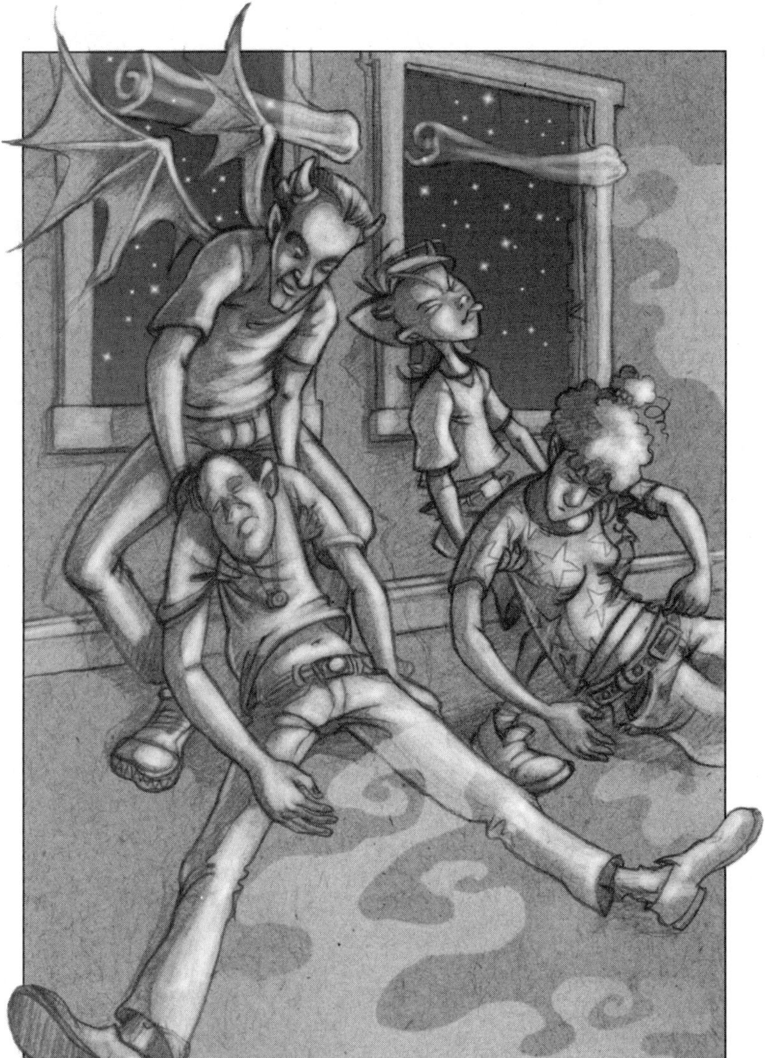

La rouquine vit alors que les vitres avaient été pliées et non pas brisées. L'une d'entre elles avait même été roulée avec soin.

— Notre gentil plieur de verre est passé par ici, constata Alex, avec un sourire.

Jacob possédait en effet le don de rendre le verre malléable.

En bas dans la rue, Séraph 3583 et Chéru 48479, leurs ailes largement déployées, déposaient leur dernier chargement de sinistrés au pied d'une foule en délire. Certaines personnes s'étaient agenouillées et pleuraient.

— Pour la discrétion, c'est raté, dit Thomas.

4

L'enfer sur terre

Le lendemain matin, Antipatros et le colosse tatoué furent dérangés très tôt par deux enquêteurs de la police, une grosse femme et un petit homme maigre vêtus d'imperméables. Ils ordonnèrent à Antipatros et au colosse de s'adosser contre le mur, près de leurs lits respectifs.

L'enquêteur vint se placer devant Antipatros qu'il dévisagea longuement sans parler.

Antipatros se contenta de lever le sourcil droit.

Le policier maigrichon brandit un journal sous le nez du suppôt.

« La bande des incendiaires sévit à nouveau : le Vaisseau noir rasé », lut Antipatros, qui leva l'autre sourcil.

— Des enfants ont été vus sur les lieux, dont une petite rouquine... comme celle qui t'a visité hier. Ça te dit quelque chose ?

Le suppôt secoua la tête.

— Désolé de vous décevoir.

— Nous aimerions savoir comment tu as fait le coup, déclara calmement le policier en déposant le journal sur un des lits. Tu persistes à tirer les ficelles du fond de ta cellule, n'est-ce pas ?

— Navré d'avoir à le répéter, commença Antipatros, mais vos collègues nous ont confondus avec les méchants alors que nous tentions de débarrasser la terre de maître Azramelech et de ses boutefeux. Une méprise que vous semblez vouloir perpétuer dans le cas de ce nouvel incendie.

— Cesse de faire le clown ! gronda la grosse femme en écartant son frêle collègue pour planter le doigt sur la poitrine d'Antipatros. Nous t'avons à l'œil !

Le suppôt se contenta de hausser les épaules.

Les deux enquêteurs se retirèrent après avoir lancé un regard méfiant au détenu musclé, qui n'avait rien perdu de la scène.

Dès que la porte grillagée se fut refermée sur les gardiens, Antipatros s'empara du journal que le policier avait jeté sur le lit.

Un des titres avait attiré son attention alors que le policier lui agitait le journal sous les yeux.

« DÉCLARATIONS CONTRADICTOIRES DES RESCAPÉS. LA POLICE PARLE D'HALLUCINATIONS COLLECTIVES. »

Et sans plus s'occuper de son compagnon de cellule, Antipatros se rassit sur sa chaise droite et commença à lire.

* * *

Au même moment, au bout de la ville, cet article était lu et relu avec avidité par deux yeux brillant d'une lueur incandescente. Des grognements de rage et des soupirs de satisfaction ponctuaient la lecture.

Plusieurs rescapés prétendaient que leur sauvetage tenait du miracle. Certains affirmaient avoir été sauvés par des enfants, d'autres par des anges.

Les policiers accordaient peu de foi à ces déclarations, les attribuant au choc intense subi par ces personnes. Un grand garçon mince et une fillette aux cheveux roux étaient cependant recherchés.

Le lecteur grimaça, puis posa le journal. Quoi de plus satisfaisant que de pouvoir détester son pire ennemi à cœur joie !

En plus, les descriptions faites par les survivants de l'incendie du Vaisseau noir venaient compléter le compte rendu de ses hommes à leur retour de mission.

Ses hommes ? Pas vraiment les siens, mais ça ne saurait tarder. Après quelques opérations aussi réussies que celle-là, ils arrêteraient tous de l'appeler « le jeune » pour le désigner du titre plus approprié de « maître ».

Le « jeune » eut un rictus mauvais. Et pourquoi ne pas combiner deux plaisirs ? Autant profiter d'une prochaine opération pour tendre une embuscade. Mais il faudrait trouver un piège dont il serait impossible de s'échapper. La solution au problème devait être définitive. Il se mit à réfléchir.

* * *

Sous terre, entre-temps, M. Asmodée soufflait comme un cachalot échoué sur une banquise. D'ordinaire jovial, le suppôt semblait très inquiet. M. Ubald tenta de rassurer son collègue qui tournait en rond dans la crypte.

— Si ça continue ainsi, nous ne pourrons bientôt plus nous aventurer sur terre, se lamenta M. Asmodée. A-t-on idée d'attirer l'attention ainsi !

— Tout à fait d'accord, cher ami. La consigne qui veut que, lors des opérations sur terre, les démons n'apparaissent qu'à une personne à la fois a été bafouée à maintes reprises récemment.

— Et les anges, Ubald ! Les anges effectuant un sauvetage devant des centaines de personnes… N'est-ce pas de nature à discréditer notre profession ?

M. Ubald soupira, puis se tourna vers la statue de cristal représentant Alex sur une planche à roulettes, gracieuseté de Jacob, le petit plieur de verre.

— Désolé, maîtresse ! Vous allez devoir interdire aux anges de vous accompagner à la surface. Malgré leur évidente bonne volonté, ils sont trop voyants.

— Vous avez sans doute raison, soupira Alex en contournant sa statue.

Alex les écoutait sans broncher depuis dix minutes. Elle devait admettre le bien-fondé des inquiétudes des suppôts.

Le problème était que ses talents diaboliques étaient très peu développés pour l'instant. L'assistance de ses amis était souvent fort précieuse. Si seulement elle avait le temps de suivre la formation des apprentis démons comme tous les autres ! Dès le début de ses aventures souterraines, les menaces et les attaques ne lui avaient laissé aucun répit.

« Si ça continue ainsi, Lucifère Première sera la dernière de la classe », songea Alex avec un soupçon de honte.

— Où en est votre enquête sur Lucifer Jones ? s'enquit la rouquine.

— Hum ! Ces incendiaires ne semblent pas trop diaboliques, répondit M. Ubald. Des voyous sans pouvoirs spéciaux, à part celui d'intimider. Je crois cependant que nous avons affaire à une bande bien organisée et, selon toute probabilité, très dangereuse.

M. Asmodée acquiesça en faisant ballotter ses nombreux mentons :

— Nous avons observé en parallèle une forte augmentation de la fréquence d'apparitions de ce nom sur le voxatographe depuis hier soir. Ah oui ! En conduisant des analyses plus poussées, j'ai constaté que « Lucifer Jones » avait été prononcé à une centaine de reprises en quelques jours, dans un lieu spécifique à la surface...

— Où donc ?

— Au pénitencier où est détenu Antipatros.

Alex brûlait d'envie de retourner dans cette satanée prison. Antipatros avait toutefois été clair. Pas question de tenter de le libérer avant qu'il ait terminé son enquête. Mais, pour une raison qu'elle ignorait encore, elle ressentait une sorte de malaise par rapport à cette histoire.

— D'accord, messieurs, murmura-t-elle, songeuse. Laissez-moi penser à tout ça.

* * *

Alex n'avait fait que quelques pas dans l'escalier qui descendait en tournant vers la grande salle lorsqu'elle remarqua une forte odeur de soufre. Elle se buta presque aussitôt contre un nuage de fumée compacte qui lui causa une toux soudaine.

— Qu'est-ce que…

— Kim ! dit le nuage en face d'elle.

— Cam ! ajouta un deuxième nuage qui venait d'apparaître à côté du premier. Pas mal, nos jets de fumée camouflante, non ?

Alex croisa les bras et se mit à taper du pied.

— Que me voulez-vous encore ?

— Nous avons capté votre conversation là-haut, répondit le premier nuage. Laisse-nous t'accompagner lors de tes missions. Nous sommes bien meilleurs que les anges.

— Nous sommes LES meilleurs, précisa l'autre.

Alex en avait assez entendu. Elle écarta les deux nuages d'une bourrade.

— Et vous êtes aussi les plus affreux vantards que l'enfer ait jamais connus !

* * *

Antipatros fut confiné à sa cellule pour la matinée. Le suppôt accueillit cette punition mesquine avec son calme habituel. Il resta assis sur sa chaise droite, parfaitement immobile, jusqu'à ce que le détenu responsable de la distribution des repas se présente.

— Le chef du gang des incendiaires aurait-il faim ?

Antipatros reconnut la voix enrouée de Lucifer Jones. Sans paraître surpris outre mesure, le suppôt déplia sa grande carcasse et s'approcha des barreaux. Tout en observant Antipatros avec attention, Lucifer Jones lui tendit une tasse contenant de l'eau et un bol rempli d'une matière brune et odorante. Antipatros les refusa.

— Nous avons cessé de nous sustenter il y a déjà huit décennies et nous ne nous en portons pas plus mal.

Lucifer Jones grimaça.

— Chut ! Pas trop de détails de ce genre par ici. Contente-toi de jouer ton rôle d'incendiaire.

Antipatros examina l'ancien aide-suppôt. Lucifer Jones remit la tasse et le bol sur son plateau et poursuivit en chuchotant presque :

— Les propriétaires de bars et de boîtes de nuit se réunissent d'urgence ce soir. Pas étonnant après le feu d'artifice qu'on leur a servi hier, pardon, que tu leur as servi.

Le vieux détenu épia la réaction d'Antipatros. Comme aucune ne venait, il reprit tout bas :

— Mes anges profiteront de cette assemblée pour effectuer une collecte. Ils ne devraient pas avoir trop de difficulté à se faire payer. Autrement : boum ! À la façon du Vaisseau noir ! Les proprios doivent apprendre que seul l'argent peut sauver leurs établissements des flammes.

De l'autre côté des barreaux, Antipatros accueillit ces révélations sans broncher. Lucifer Jones s'enthousiasma :

— Après les boîtes de nuit, ce sera au tour des restaurants et des petits commerces. J'ai aussi des projets pour les usines. De quoi devenir très, très riche. Et la beauté de tout ça, c'est que, chaque fois qu'un édifice sera rasé

par les flammes, ça passera sur ton dos et sur celui de ton gang d'incendiaires.

— Vraiment ignoble, articula Antipatros avec lenteur.

— N'est-ce pas ? Il y a un bon côté à cette histoire : tu n'as absolument rien à faire. Ton travail consiste à exister. Alors laisse tomber ces références à Azramelech et à toutes ces sornettes, sinon…

— Sinon ? répéta Antipatros en soulevant un sourcil.

— Tu les aimes beaucoup, ces enfants, hein ? La petite rouquine, entre autres…

Chez Antipatros, le flegme était inné, et des décennies au service de Lucifer lui avaient enseigné qu'une réserve polie était la meilleure réponse, quelle que soit la situation.

Cette fois, c'était différent.

Les longs bras du suppôt surgirent d'entre les barreaux et tentèrent d'agripper Lucifer Jones.

— Veuillez ne pas toucher à…

— Doucement, ricana le vieux détenu en reculant. Je n'ai pas dit que je lui toucherais. Mais les gens de mon organisation sont parfois imprévisibles. Je te conseille d'y réfléchir. Allez, salut !

Ses grands doigts crispés autour des barreaux, Antipatros regarda Lucifer Jones s'éloigner en poussant la table roulante devant lui.

5

La toile diabolique

Les propriétaires de bars et de boîtes de nuit arrivèrent très tôt au point de rendez-vous, un ancien entrepôt du centre-ville transformé pour l'occasion en salle de réunion. Certains vinrent en limousine encadrés de gardes du corps qui les escortaient jusqu'à la porte, d'autres en taxi ou même à pied.

Quelques-uns maugréaient, mais la plupart des proprios avaient l'air préoccupés et nerveux. Les cinquante chaises de la salle poussiéreuse furent rapidement occupées. Un brouhaha emplit les lieux alors que chacun commentait la raison de sa présence.

On attendait avec impatience l'arrivée du propriétaire de la boîte de nuit incendiée, le Vaisseau noir, qui les avait convoqués d'urgence.

D'une porte du fond de la salle surgit plutôt un jeune homme aux cheveux noirs et à l'air mauvais. Une cape sur les épaules lui donnait l'allure d'un magicien, et d'étranges excroissances ornaient les côtés de son crâne.

Le jeune homme réclama le silence d'un geste autoritaire.

— J'irai droit au but. Mon patron dit que cinquante mille dollars de la part de chacun d'entre vous suffiront pour commencer.

Les propriétaires de bars ne se gênèrent pas pour crier leur indignation. Certains firent mine de s'en aller. Un groupe d'exaltés des premiers bancs fonça sur l'adolescent à la cape.

Au moment où une grosse main poilue allait l'agripper, le jeune homme pivota sur lui-même et disparut. Des cris de surprise retentirent. Une seconde plus tard, le jeune homme revint, suivi d'un barbu aux longs cheveux tressés. Celui-ci poussait devant lui un chariot rempli de bouteilles au goulot coiffé de tissu.

Le jeune homme n'eut aucune difficulté à obtenir le silence.

— Remarquez bien ces bouteilles pleines d'essence, lança-t-il avec un sourire narquois. Sur chacune d'elles est inscrit le nom d'un bar ou d'une boîte de nuit. Et il y en a cinquante, autant qu'il y a d'individus dans cette salle, vous comprenez ? Votre bar aura droit à son cocktail Molotov, à moins que vous ne sortiez vos chéquiers…

Une demi-douzaine d'individus armés apparurent et encerclèrent les membres de l'assemblée. Les propriétaires de bars s'empressèrent de sortir leurs carnets de chèques et leurs stylos.

Le jeune homme circulait entre les rangées pour recueillir les chèques, sous le regard amusé de ses camarades armés.

— Voyez : les anges de Lucifer sont contents. Lucifer le sera aussi.

— Les anges ? s'écria un des proprios. N'ont-ils pas sauvé tous ces gens au Vaisseau noir ?

— Vous faites erreur, ricana l'adolescent à la cape. Les anges de Lucifer les auraient tous laissés brûler.

— Mais j'ai lu…

— Taisez-vous ! cria le barbu à la tresse.

L'air menaçant des anges de Lucifer et la présence du chariot chargé de cocktails Molotov eurent l'effet escompté. En quelques minutes, le jeune homme eut tous les chèques en main. Il allait se retirer avec ses hommes lorsqu'il revint sur ses pas.

— J'oubliais. Répétez après moi, maintenant : j'ai vendu mon âme à Lucifer.

Incrédules et vexés, les propriétaires répétèrent la phrase avec mollesse.

— Plus fort ! hurla le jeune homme en montrant ses canines.

— J'AI VENDU MON ÂME À LUCIFER ! cria l'assemblée.

Les anges de Lucifer se mirent de la partie et, bientôt, toute la salle résonna du chant des propriétaires craintifs et des bandits rigolards.

— Toi, tu l'as, l'affaire, le jeune ! ricana le barbu à la tresse en quittant la salle.

— Tu ne crois pas si bien dire, murmura l'adolescent à la cape.

* * *

Alex s'élança dans le Calorifique qui l'aspira en tourbillonnant vers la surface.

D'après M. Asmodée, il y avait près d'un siècle et demi qu'on n'avait pas entendu un groupe de cinquante personnes se réclamer de Lucifer. Il fallait peut-être y voir un autre signe que celui de la renaissance des enfers.

M. Ubald, de son côté, craignait qu'il ne s'agisse que d'une réunion de charlatans, prétendus adorateurs du diable qui faisaient parfois une bien mauvaise réputation aux vrais démons.

Quoi qu'il en soit, Alex avait décidé d'y aller seule, en éclaireur. Les suppôts, qui avaient eux-mêmes exigé plus de discrétion lors des interventions à la surface, avaient acquiescé à sa demande. Alex avait une autre raison d'agir ainsi. Elle souhaitait vérifier comment elle se débrouillerait sans aucune aide. À force d'être aiguillonnée par les jumeaux Kim et Cam, elle était impatiente de découvrir ce qu'elle valait vraiment.

Son copain Thomas faisait les cent pas dans la salle des voxatographes. Il avait été très réticent à l'idée qu'elle parte seule.

Un apprenti déposa son cornet d'écoute et alla voir M. Asmodée. Une lumière rouge scintillait sur le dessus de son appareil.

— Il y a quelqu'un ici qui veut donner son âme à Lucifère Première !

M. Asmodée fronça les sourcils. Thomas s'approcha, intrigué.

— Lucifère Première ? Il n'y a que nous, sous terre, à connaître ce titre ! D'où est-ce que ça vient, mon gars ?

— Du même endroit que les cinquante appels.

Le suppôt et le démon gris se regardèrent un moment et s'écrièrent d'une seule voix :

— C'était un piège !

* * *

Alex pénétra dans l'entrepôt vide jonché de chaises renversées et de papiers éparpillés. Il y régnait une odeur de sueur et de cigarette. «Trop tard», songea la rouquine. Les cinquante personnes qui avaient déclaré d'une seule voix avoir vendu leur âme à Lucifer avaient déguerpi.

Alex fit rapidement le tour de la salle à la recherche d'indices. Sur une feuille de papier qu'elle ramassa par terre, quelqu'un avait écrit: «Les anges de Lucifer». L'adolescente réfléchit un instant. Probablement le nom d'un groupe d'adorateurs du diable, aussi inoffensifs que ridicules. M. Asmodée avait raison.

Elle regrettait presque de ne pas être arrivée à temps pour leur flanquer une bonne frousse.

Pendant qu'elle examinait de nouveau le bout de papier, un gros bras musclé où était tatouée la même inscription s'approcha par-derrière.

Une main sale s'écrasa sur sa bouche alors qu'on l'empoignait. Alex se débattit

violemment. Elle reconnut en son agresseur le barbu à longue tresse qui avait lancé l'attaque contre le Vaisseau noir.

— Le jeune avait encore raison. Il a dit que des espions viendraient rôder ici après la réunion. Et il n'aime pas les sales rôdeuses de ton genre. Moi non plus.

Le barbu lui noua un foulard sur la bouche et la força à enfiler une sorte de camisole épaisse. En la tenant par une sangle de la camisole, il la transporta à l'extérieur comme on porte une valise.

Il la jeta sans ménagement dans le coffre ouvert d'une longue voiture noire qui démarra en trombe en même temps qu'une dizaine de motos.

* * *

Lucifer Jones écoutait avec intérêt le rapport de son jeune complice. La cape de celui-ci glissa de ses épaules, laissant apparaître deux immenses ailes sombres battant avec régularité.

— Ils ont tous payé. Voici d'ailleurs leurs chèques, annonça le jeune homme en noir.

Un large sourire édenté illumina le visage maigre du vieillard.

— Ah, Nicolas, mon neveu !

Lucifer Jones tendit machinalement sa main décharnée vers la liasse de chèques.

Nicolas disparut pendant quelques secondes avant de réapparaître, plus flou.

Il n'arrivait pas à se matérialiser complètement à l'intérieur de cette prison bâtie sur les ruines d'une cathédrale.

Lucifer Jones retira sa main. Il aurait tant voulu caresser le fruit de son travail.

— Je n'avais encore jamais vu une telle somme, en dépit de toutes ces années consacrées au crime. Merci, cher neveu, de t'assurer de déposer ce joli magot dans mon compte à la banque.

L'image de Nicolas s'inclina avec respect pour masquer l'éclat perfide qui brillait dans ses yeux. Il avait bien l'intention de déposer le magot à la banque, mais dans son propre compte.

Cette attitude correspondait parfaitement au caractère sournois et retors du jeune homme. Si ce démon noir était l'apprenti le plus doué de sa génération, c'était aussi le plus méchant et le plus cruel. Il estimait que le titre de successeur de Lucifer aurait dû lui échoir de droit. Et il avait tout tenté pour soutirer à Alex son titre, sans toutefois y parvenir.

Après avoir quitté l'enfer en disgrâce, il avait cherché et obtenu le réconfort du seul autre membre de sa famille possédant des pouvoirs démoniaques.

À eux deux, ils avaient concocté ce grand coup, même si Nicolas savait fort bien qu'il serait le seul à en profiter. Telle une araignée, il tissait sa toile diabolique.

Lucifer Jones lui sourit avec bienveillance.

— Avec une nouvelle fournée d'anges qui sort de prison demain, nous aurons assez d'hommes pour nous attaquer aux restaurants. Il nous reste beaucoup à accomplir. Demeurez vigilants.

— À ce propos… commença Nicolas…

— Nos exactions attirent l'intérêt de nos collègues des couches supérieures de l'enfer ? À qui avons-nous affaire, cette fois ?

— À la fille ! cracha Nicolas, le visage défiguré par la haine.

Le vieil homme frêle regarda l'image trouble de son neveu avec plus d'attention.

— L'usurpatrice en personne ? Cette rouquine à qui notre bon Antipatros semble tant tenir ?

Lucifer Jones fit quelques pas dans l'obscurité de sa cellule, pendant que Nicolas tentait de contenir sa rage.

— Je n'avais pas prévu amorcer la deuxième phase tout de suite, réfléchit tout haut le vieux détenu. Nous devons mener à bien notre opération à la surface avant de nous attaquer aux enfers. Je ne voudrais pas d'un déclenchement trop rapide des hostilités avec nos amis les démons...

L'homme s'arrêta.

— En outre, entre nos mains, cette jeune fille pourrait s'avérer un puissant outil de négociation. Il n'est donc pas question de lui causer du mal !

Les yeux du jeune démon noir lancèrent des éclairs furieux.

— C'est bien compris, Nicolas ?

Le démon noir finit par baisser la tête devant l'insistance du regard de son oncle.

Il était horriblement déçu. Il avait prévu régler son compte une fois pour toutes à cette… à cette fille !

Nicolas disparut dans un bruissement d'ailes.

* * *

Après avoir longtemps examiné l'entrepôt vide, Thomas retourna dehors pour inspecter la chaussée. De multiples traces de pneus sillonnaient l'asphalte boueux, la plupart fort étroites.

— Plusieurs motos sont passées par ici.

— Et notre princesse ? demandèrent Séraph et Chéru en chœur.

— Toujours aucune nouvelle.

Les deux anges échangèrent un regard affolé. Thomas aurait voulu les rassurer, sauf qu'il était lui-même très inquiet. Il n'aurait jamais dû la laisser partir seule. Il s'en voulait de ne pas lui avoir tenu tête.

Thomas se contenta de regarder les anges sans mot dire. Ceux-ci avaient déjà recommencé à blanchir. Le soleil leur redonnait des forces. C'était toujours pareil lorsqu'ils se retrouvaient à la lumière du jour : leurs tuniques devenaient plus blanches, leurs cheveux plus blonds et leur peau plus claire.

L'adolescent fixa une fois de plus son attention sur les traces. Elles semblaient se diriger vers le boulevard. Il les suivit mais, comme il le craignait, les traces disparurent au bout de quelques dizaines de mètres.

— Hé ! Toi !

Trois motards montés sur de rutilants bolides à deux roues surgirent à basse vitesse d'une ruelle transversale.

— Qu'est-ce que vous faites là ?

Thomas retint un sourire de triomphe. Ces gars ressemblaient à s'y méprendre aux incendiaires de l'autre soir. Il était prêt à mettre sa main au feu que ces individus louches savaient où se trouvait Alex.

— Euh... je cherche une amie, répondit le démon gris sans avoir besoin de mentir.

Les trois motards roulaient maintenant autour de Thomas et des anges. Le plus costaud d'entre eux allongea son bras puissant et tatoué pour s'emparer de Thomas. L'adolescent n'eut pas le temps de réagir. Avant même que la main de la brute à moto l'ait touché, il avait perdu conscience.

Lorsqu'il ouvrit les yeux, le visage confus de Séraph fut la première chose qu'il vit.

— Désolé, Thomas. On a dégainé trop vite. L'un de nos jets endormants t'a touché.

— C'était l'un des tiens, corrigea Chéru.

— En réalité, nos tirs se sont croisés, avoua Séraph.

Thomas se redressa. Autour de lui, les trois motos gisaient sur le côté pendant que leurs conducteurs ronflaient sur l'asphalte, dans la position où ils étaient tombés.

— Comme tu vois, nos jets endormants reprennent de la vigueur au soleil, précisa Séraph.

Thomas se releva en grimaçant. Il détestait être endormi par les anges. Il en ressortait toujours l'esprit embrouillé et la bouche pâteuse.

L'adolescent s'approcha du plus gros des motards et lui retira sa ceinture. Il entreprit de lui lier les pieds. Il lui arracha ensuite son collier et le lui noua autour des mains. Le colosse se mit à remuer pendant l'opération, et Séraph dut lui administrer une nouvelle dose de jet lumineux...

— Tu me le gardes éveillé au prochain coup, d'accord ?

Trente secondes plus tard, le motard sortit du sommeil avec une mini-gueule de bois.

— Où l'avez-vous emmenée ? attaqua Thomas.

Le costaud papillota des paupières sans comprendre.

— Où avez-vous emmené la petite rouquine ? insista l'adolescent.

Le motard fronça ses épais sourcils :

— Lucifer va me tuer, ou bien il va me faire tuer, ce qui est encore pire... souffla-t-il entre ses dents jaunes. Écoutez, je ne sais pas grand-chose, c'est le jeune qui l'a emmenée.

— Le jeune ?

— Oui, un gars de votre âge, toujours vêtu de noir et avec de drôles de trucs sur la tête, euh... comme toi, je veux dire. Il avait l'air de pas mal lui en vouloir.

Même s'il tenta de n'en rien laisser paraître, Thomas fut secoué par cette révélation.

Ce signalement correspondait à celui du détestable Nicolas. Et cela signifiait qu'Alex courait un bien plus grand danger qu'il ne le croyait au départ.

— Et où l'a-t-il emmenée ?

— Sans doute au point de rendez-vous. C'est dans un immeuble abandonné du quartier sud. Je vais vous expliquer où c'est…

Thomas remercia le motard, puis le confia aux soins du séraphin qui s'empressa de le renvoyer au pays des rêves.

— Donnons-nous la main ! Il faut virevoler jusque-là au plus vite !

Séraph désigna avec gêne Chéru, monté sur l'une des puissantes motos et qui les regardait avec un sourire d'enfant excité.

Thomas resta un moment interloqué. Séraph en profita pour grimper à son tour sur un des lourds bolides.

— Et pourquoi pas ? rigola le démon gris en enfourchant la dernière moto. Après tout, vous êtes les véritables anges de Lucifer !

6

Les motards célestes

Alex était épuisée. Elle avait eu beau se démener comme un diable dans l'eau bénite, elle n'avait pu défaire ses liens. Ce qui l'intriguait, c'était l'espèce de camisole qu'on lui avait enfilée. Le vêtement ne couvrait même pas ses bras. Il ne pouvait avoir qu'une seule utilité, conclut la rouquine: emprisonner ses petites ailes invisibles.

Cela signifiait que la ou les personnes qui la retenaient captive étaient liées d'une façon ou d'une autre au monde des démons. Et c'était en soi une bonne nouvelle. Elle ne se

sentait pas de taille à affronter seule une bande de motards criminels sales et barbus.

Alex entendit du bruit. Quelqu'un s'approchait à pas lents de la penderie poussiéreuse dans laquelle on l'avait enfermée. La porte de sa prison s'ouvrit d'un coup sec et elle fut éblouie.

— Comme on se retrouve, princesse !

La rouquine cligna des yeux. Si elle ne distinguait encore que la silhouette de celui qui avait parlé, elle reconnaissait sans mal cette voix méchante.

Le visage hargneux du démon noir lui apparut enfin. De ses yeux luisant de haine, il examina l'adolescente avec attention, puis il émit un rire méprisant.

— Pas plus débrouillarde qu'avant, à ce que je vois ? La camisole spéciale n'était sans doute pas nécessaire avec tes ridicules compétences démoniaques.

Piquée au vif, Alex se débattit avec vigueur. Rien n'y fit. Elle ne réussit qu'à s'épuiser davantage. Le démon noir ricana :

— Et dire que j'ai devant moi l'unique fille à avoir été couronnée du titre de Lucifer…

Lucifère Première… C'est insensé ! hurla Nicolas en grimaçant de fureur. C'était à moi d'être Lucifer. Tu n'es qu'un imposteur…

Alex bloqua son esprit. Elle avait entendu les jérémiades de Nicolas des dizaines de fois auparavant. Elle connaissait ses arguments par cœur. Même si elle n'avait jamais rencontré un aussi mauvais perdant que Nicolas, elle devait reconnaître qu'il avait en partie raison : il était un bien meilleur démon qu'elle.

Comme toujours, celui-ci bavait de rage.

— Je vais remédier à cette situation une fois pour toutes ! Tant pis si ce vieux fou de Lucifer Jones n'est pas d'accord. C'est moi qui mènerai bientôt, et mes décisions auront force de loi…

Alex roula des yeux. Encore la même rengaine, songea-t-elle.

Fidèle à son habitude de traîtrise, Nicolas s'était acoquiné avec quelqu'un de plus puissant que lui, avec l'intention de l'évincer au moment jugé opportun.

Alex ne connaissait pas grand-chose de ce Lucifer Jones. Pourtant, si ça se passait comme la dernière fois avec Azramelech, c'est lui qui chercherait à se débarrasser de Nicolas une fois leurs méfaits accomplis.

Une lueur cruelle s'agita au fond des yeux de Nicolas. La rouquine porta de nouveau attention à ses propos.

— Les anges de Lucifer vont incendier le plus prestigieux restaurant de la ville, ce soir. Un geste qui devrait rapporter plusieurs millions de dollars. Toutefois, mes amis à moto étant de sombres brutes, il ne faut pas compter sur eux pour rescaper les quelques personnes qui pourraient s'égarer dans les flammes. Nul doute que tu te porteras volontaire pour sauver ces pauvres gens. J'aurai le plaisir de t'y accompagner.

Nicolas fit une pause au cours de laquelle son visage prit un air terrible.

— La foule verra encore deux jeunes démons plonger dans les flammes. Sauf que, cette fois-ci, un seul en ressortira: moi! HA, HA, HA, HA!

La porte de la penderie se referma brusquement. Les pas de Nicolas s'éloignèrent. Alex retrouva avec bonheur l'obscurité et le calme de son cachot de fortune. Les paroles de Nicolas résonnèrent cependant un long moment dans sa tête.

* * *

Thomas, Séraph et Chéru filaient sur les motos en direction sud sur l'autoroute urbaine. Ils avaient adopté une formation en triangle. Thomas ouvrait la voie, l'air soucieux, suivi des deux anges qui fonçaient face au vent, un grand sourire accroché aux lèvres.

Bien qu'ils eussent l'habitude du vol à haute vitesse, le séraphin et le chérubin semblaient fascinés par la sensation de puissance que procurait la conduite de ces bruyants bolides à deux roues.

— Et si on essayait avec nos ailes ? demanda Chéru.

Les deux anges déployèrent leurs ailes blanches en même temps. Ils sentirent leurs motos osciller lors du déploiement, puis la conduite devint tout à coup plus légère.

Thomas entendit les cris de joie des anges à travers le vrombissement des motos.

Contrairement aux anges, l'adolescent n'appréciait pas vraiment cette promenade en motocyclette. Il avait hâte d'arriver dans le quartier sud, hâte de retrouver Alex et de la délivrer. Il lui tardait d'entrer en action. Tout son être se préparait à la bagarre. Et si ce que le motard lui avait raconté tantôt était vrai, la situation risquait d'être plus compliquée que prévu.

Thomas allait se retourner, lorsque Séraph et Chéru surgirent à ses côtés en pétaradant. Leurs ailes étendues au maximum leur donnaient l'air de petits avions blancs posés sur deux roues. Les anges le doublèrent sans difficulté et s'élancèrent sur la route en zigzaguant entre les voitures.

— Ralentissez ! Servez-vous des freins !

Le démon gris avait beau s'époumoner, les motos des deux anges rapetissaient à vue d'œil devant lui. Il appuya à son tour sur l'accélérateur. Sa moto atteignit rapidement une vitesse vertigineuse, mais les anges allaient encore plus vite.

Devant eux, l'autoroute amorçait une courbe prononcée.

— Vous allez vous tuer ! Attention !

Thomas fixait la courbe avec appréhension. À sa stupéfaction, il vit les roues des deux motos quitter la chaussée et les bolides s'élancer au-dessus du parapet.

Thomas retint son souffle.

Alors qu'elles auraient dû, selon toute vraisemblance, plonger dans le vide, les motos continuèrent de grimper vers le ciel à toute allure. Thomas immobilisa sa moto en bordure du parapet et contempla la scène, médusé. C'était comme si les ailes des anges avaient réellement transformé ces lourdes motocyclettes en avions à réaction.

L'adolescent eut soudain l'impression que les contours du séraphin et du chérubin devenaient moins précis. Le blanc de leurs tuniques s'estompait peu à peu dans le bleu du ciel. Thomas les perdit un moment dans le soleil. L'instant d'après, il ne restait plus personne aux commandes des motos.

Privés de leur moyen de se mouvoir dans l'air, les deux bolides piquèrent du nez et s'écrasèrent sur le toit d'un immeuble en contrebas de l'autoroute. Thomas regarda sans vraiment les

voir les carcasses des motocyclettes s'enflammer et les badauds converger.

Les anges étaient montés au ciel !

Il les avait accompagnés lors de précédentes ascensions. D'habitude, le voyage s'effectuait à l'intérieur d'un ascenseur ; cette fois, deux motos appartenant à des bandits avaient servi de véhicules.

Les anges étaient-ils retournés au ciel de leur plein gré ? M. Asmodée avait-il vu juste en disant que la conduite des anges au cours de l'incendie du Vaisseau noir allait leur attirer des embêtements ?

Abandonnant là sa moto, Thomas rôda avec discrétion autour de la scène de l'accident pendant une bonne demi-heure avant d'accepter l'idée qu'il devrait se passer des anges.

* * *

Antipatros était une fois de plus interrogé par les enquêteurs, et cela se déroulait plutôt mal à en juger par leur physionomie exaspérée.

L'enquêteur maigrichon tapotait avec nervosité son calepin, alors que la grosse policière assise à ses côtés avait l'air au bord de la crise de nerfs.

— Vous niez toujours être le chef du gang des incendiaires ?

Antipatros, fidèle à son habitude, conservait un calme olympien.

— Comme nous l'avons déjà mentionné, il y a, à proprement parler, deux gangs d'incendiaires. Le premier était dirigé par un démon des profondeurs et a été mis en échec par nos soins. Quant à l'actuelle bande d'incendiaires, elle est menée par Lucifer Jones, mieux connu dans cet établissement carcéral sous le nom de Ludovic Jones.

La policière murmura à son collègue:

— Il est vrai que ce Ludovic Jones se fait parfois appeler Lucifer. Un drôle de numéro, celui-là. Il faudrait peut-être l'interroger aussi?

Le policier maigrichon nota l'information et consulta de nouveau la fiche d'Antipatros.

— Reprenons depuis le début. Âge?

— Plus ou moins deux mille ans.

La policière leva les yeux au ciel.

— Occupation?

— Suppôt de Lucifer. Nous sommes attaché à la personne même du seigneur des ténèbres à titre de serviteur. Nous possédons également de solides connaissances en mécaniques industrielle et diabolique.

C'était la quatrième fois que les enquêteurs posaient ces questions et les réponses d'Antipatros étaient toujours identiques. Ou bien le présumé chef du gang des incendiaires avait beaucoup d'imagination, ou bien il était fou à lier, se dit le policier en refermant son calepin.

Sous le regard approbateur de sa grosse collègue, le policier inscrivit en grandes lettres rouges la recommandation suivante sur la fiche d'Antipatros :

— EXAMEN PSYCHIATRIQUE REQUIS !

* * *

Thomas s'approcha à pas de loup de l'immeuble abandonné. De chaque côté et derrière, les bâtiments avaient déjà été démolis, ce qui rendait l'édifice isolé difficile d'accès pour celui qui tentait de ne pas attirer l'attention.

D'innombrables traces de pneus avaient creusé des sillons entre les débris. Thomas discerna des pistes fraîches de motos dans la cour, près de l'entrée arrière. Son informateur ne l'avait pas trompé. Il y avait bel et bien eu un rassemblement de motards ici.

Cependant, l'immeuble semblait inoccupé. La bande des incendiaires avait-elle changé de point de ralliement ? Avait-elle déplacé Alex ? Thomas arrivait-il trop tard ?

Le démon gris se glissa dans un coin d'ombre. Après les manœuvres habituelles de virevolage, il se rematérialisa à l'intérieur de l'édifice.

Il fit quelques pas dans une vaste pièce vide empestant le moisi et où des restes de nourriture traînaient sur une table. Il circula

ensuite d'une pièce à l'autre avant de grimper au deuxième étage. Là, des traces de pas très nettes dans la poussière le guidèrent jusqu'à une penderie.

Le cœur battant, Thomas s'approcha lentement du placard. Sur le plancher sale, on voyait que quelqu'un s'était étendu là. Quelqu'un de pas très grand, en plus. Exactement de la taille d'Alex. On voyait même l'empreinte de petits doigts dans la poussière.

La gorge nouée par l'inquiétude, Thomas émit un rugissement sourd qui se répercuta longtemps contre les murs de l'immeuble vide.

«Il est temps d'appeler les renforts», s'avoua-t-il après un long soupir.

L'épreuve du feu

La rouquine avait envie de vomir. On l'avait encore enfermée dans le coffre de cette voiture et, depuis, elle ne cessait d'être ballottée au gré des mouvements du véhicule.

Il y avait une heure qu'elle était là et elle commençait aussi à manquer d'air. À travers le bâillon, elle respirait avec effort un air chargé de poussière et de vapeurs d'essence et d'huile. Et, pour couronner le tout, la camisole lui comprimait la poitrine.

De plus, les propos affreux de Nicolas avaient réussi à lui flanquer la trouille. La soif de vengeance de celui-ci avait atteint des sommets inégalés.

L'objectif habituel du démon noir était de s'emparer de son trône, de trouver une astuce perfide afin de la faire abdiquer.

Cette fois, par contre, il n'était pas question de cérémonie de remplacement ou de reconnaissance de la supériorité diabolique du démon noir par ses pairs. Non ! Nicolas semblait maintenant habité par une soif perverse de la voir disparaître. Irait-il jusqu'à mettre ses menaces à exécution ?

Un arrêt brusque de la voiture envoya Alex valser au bout du coffre. Elle grimaça de douleur. Ses liens lui écorchaient la peau, en particulier autour des poignets. Une sourde colère s'empara d'elle. Elle s'efforça d'oublier sa peine et sa peur, et essaya à nouveau de se concentrer. Le temps pressait. Ses ravisseurs ne tarderaient sûrement pas à arriver à destination.

Depuis le début de ce périple, elle avait tenté, dans l'ordre et sans grand succès, d'agiter ses ailes, de remuer sa queue fourchue, de virevoler, de faire surgir des éclairs de ses mains et de se métamorphoser. Peine perdue, elle était toujours solidement ficelée dans ce coffre d'auto.

La rouquine s'efforça alors de faire jaillir de ses mains un jet de fumée camouflante. Elle avait vu les jumeaux entourés de ces nuages, mais ignorait comment ils avaient réussi à les créer.

Elle se concentra sur le bout de ses doigts, s'imaginant y envoyer toute son énergie démoniaque. Au bout de dix secondes, Alex dut se rendre à l'évidence : ça ne fonctionnait pas. Elle eut un profond soupir de découragement.

À sa stupéfaction, de petits nuages de fumée surgirent de ses narines. Elle expira de nouveau et les nuages grossirent pour n'en former plus qu'un, beaucoup plus vaste.

Le coffre s'emplit peu à peu de cette fumée à forte odeur de soufre. Malgré le manque d'air et ses narines qui piquaient, Alex continua à souffler.

La rouquine entendit les passagers tousser à plusieurs reprises. Puis le véhicule s'immobilisa avec des crissements de pneus. Alex se recroquevilla au fond de sa cachette enfumée.

Le coffre s'ouvrit d'un coup sec. À travers la fumée, Alex entrevit deux silhouettes se découper sur la lumière du jour.

— D'où vient cette fumée ? Hé ! où est la fille ?

Alex vit une main tatouée passer à côté d'elle, sans la toucher.

— Elle a mis le feu et elle s'est enfuie ! Lucifer va nous tuer. Trouve-nous un extincteur.

Dissimulée derrière l'épais nuage, Alex replia ses jambes sous elle, avant d'y aller d'une formidable poussée. Elle jaillit du coffre, telle une fusée.

Sa tête percuta la poitrine de l'homme qui était resté penché au-dessus du coffre. Celui-ci, le souffle coupé, se courba. Alex en profita pour bondir hors de sa prison enfumée et, ses liens l'entravant toujours, se mit à sautiller au milieu de la rue. Le temps que le bandit retrouve ses esprits, elle avait déjà tourné le coin de la rue.

* * *

Rayonnant de fierté, Alex voguait avec allégresse vers la liberté. Et, cette fois, c'était à elle seule qu'elle le devait. Elle s'approcha en sautant d'un groupe de passants.

— Tu ne croyais tout de même pas que cette ruse minable allait me berner ?

Alex faillit tomber à la renverse sur le trottoir.

Nicolas la redressa d'une main et, en lui serrant très fort le cou, l'obligea à cesser de sautiller.

— Tes efforts sont pitoyables. Dire que c'est cette nullité qui dirige les enfers. Il n'y a pas de justice !

Le visage rouge de colère, Alex tenta, avec ses dents, de se débarrasser de son bâillon pour lui crier sa façon de penser.

— Nous nous rendons à un bal costumé, expliqua Nicolas aux passants qui se retournaient en les apercevant. Je suis déguisé en Lucifer et je guide cette pécheresse, ma copine, vers les enfers.

À la surprise de la rouquine, certains passants leur sourirent. Une dame osa même applaudir. Alex eut beau se démener et mordiller son bâillon en criant, les gens croyaient que ses protestations faisaient partie de leur mise en scène.

Nicolas s'inclinait avec hypocrisie à toutes les félicitations.

— Tu vois, tout s'arrange, ricana le démon noir à son oreille. En plus, sans le savoir, tu t'enfuyais dans la bonne direction. Nous sommes presque arrivés. Les anges de ce naïf de Lucifer ne devraient pas tarder à entrer en action, maintenant.

Nicolas la poussa au coin d'une ruelle. De là, il observa un immeuble situé de l'autre côté de la rue. Alex lut «Chez Gontran» sur une marquise dorée. Elle en avait entendu parler. Il s'agissait du restaurant le plus sélect de la ville. D'ailleurs, les limousines et les voitures de luxe qui défilaient devant la porte témoignaient de la richesse de la clientèle.

— Nous y voilà, murmura Nicolas.

À cet instant, deux costauds sortirent en courant du restaurant. Par la porte entrebâillée, on entendit un cri, puis une vive lueur illumina l'intérieur de l'établissement. Dehors, une demi-douzaine d'incendiaires lancèrent leurs cocktails Molotov avant de s'enfuir en riant sur leurs rutilantes motos.

Comme lors de l'incendie au Vaisseau noir, la cohue qui suivit fut indescriptible. Les clients paniqués se bousculèrent à la porte et sautèrent par les fenêtres du rez-de-chaussée. Plus d'une belle robe fut déchirée dans la mêlée.

En quelques secondes, Chez Gontran ne fut plus qu'un immense brasier. Les rescapés et les badauds avaient envahi la rue.

— À nous de jouer, minauda Nicolas en prenant Alex dans ses bras.

Ses grandes ailes noires se mirent à palpiter. Au moment de disparaître avec son chargement, le démon noir hurla, imitant une voix de femme :

— Il y a quelqu'un là-haut !

Un battement d'ailes plus tard, Nicolas et Alex réapparurent sur le toit ceinturé de flammes et de fumée du restaurant.

Dans la rue, à leurs pieds, les gens désemparés les montraient du doigt.

— Ce sont les jeunes qui se rendaient au bal costumé, cria quelqu'un. Ils sont coincés sur le toit !

Une flamme plus haute que les autres ondoya devant les deux adolescents.

Nicolas en profita pour virevoler.

— Quelle horreur ! se lamenta la foule en n'apercevant plus les deux silhouettes sur le toit.

— Pauvres enfants ! pleurnicha une dame

à la robe souillée de suie, alors que les sirènes des camions de pompiers se rapprochaient.

Nicolas et Alex se rematérialisèrent dans la cave enfumée du restaurant, au milieu de dizaines de caisses de bouteilles, dont certaines avaient commencé à éclater sous la chaleur.

— Voici ce que nous allons faire, petite chipie. Tu vois toutes ces bouteilles ? Une fois enflammée, chacune d'elles se transformera en mini-volcan. L'alcool en feu aura l'effet de la lave lorsqu'il se répandra sur ton corps, car toi, tu restes ici. On ne retrouvera même pas tes cendres…

Le regard horrifié d'Alex allait des bouteilles qui l'entouraient aux flammes qui léchaient le plafond. Dans quelques secondes, les bouteilles d'alcool s'enflammeraient et elle aussi. Seuls les démons des grandes profondeurs pouvaient résister aux liquides brûlants. Elle n'osait imaginer la douleur qu'elle ressentirait lorsque sa peau commencerait à fondre.

Une autre bouffée de rage la submergea.

— Salaud ! hurla-t-elle à travers son bâillon et en tirant sur ses liens avec l'énergie du désespoir.

Nicolas la regarda se débattre un moment, un sourire d'intense satisfaction accroché à ses lèvres cruelles.

— Oh, mais… tu n'auras pas l'occasion de t'enfuir. Attends-moi un instant.

Le démon noir disparut dans un battement d'ailes pour réapparaître presque aussitôt, muni d'un bâton enflammé.

— Accélérons les choses.

Avec un rire sardonique, Nicolas approcha le brandon de la caisse de bouteilles la plus proche d'Alex. Les yeux du démon noir brillaient d'une férocité insoutenable et ses ailes claquaient dans son dos.

Au bord de la panique, Alex remuait en tous sens pour se libérer de ses liens. Elle n'allait tout de même pas se laisser transformer en tranche de bacon sans rien faire !

Après avoir marmonné une dernière insulte à l'ignoble Nicolas, elle ferma les yeux, pauvre protection contre l'explosion qui ne saurait tarder.

Elle entendit, la mort dans l'âme, des bouteilles s'entrechoquer de chaque côté de sa tête. « Ça y est, se dit-elle. C'est la fin. »

Deux voix qu'elle n'était pas certaine de reconnaître atténuèrent son désespoir et sa résignation.

— Encore dans de beaux draps, maîtresse ?

— De mauvais draps, si tu veux mon avis !

Alex ouvrit les yeux. De part et d'autre, deux garçons ailés aux cheveux roux et à la physionomie identique la contemplèrent avec un air narquois, avant de lui enlever son bâillon.

— Les jumeaux ! s'écria-t-elle.

— Qui sont ces rigolos ? hurla à son tour Nicolas après s'être remis de sa surprise.

Les nouveaux venus saluèrent le démon noir. Après l'avoir examiné de pied en cap, l'un d'entre eux lui décerna une œillade moqueuse.

— Je suis Kim et voici Cam. Nous sommes des démons rouges, comme notre maîtresse. Et nous n'avons pas pu résister à l'envie de la mettre une nouvelle fois à l'épreuve.

Alex n'eut pas le temps de répliquer.

Furieux qu'on l'ait interrompu, Nicolas fondit sur les jumeaux en les menaçant de son bâton enflammé.

— Disparaissez ou vous subirez le même sort qu'elle !

Les jumeaux échangèrent un regard, puis éclatèrent de rire.

— Autrement dit : disparaissez ou vous disparaîtrez ? ricana l'un d'eux.

— Joli jeu de mots, en effet, Kim !

Un instant désarçonné, Nicolas resta le bras en l'air, la bouche ouverte. Alex en profita pour tenter de sauver sa peau. L'attitude méprisante des jumeaux avait fait naître un espoir dans son cœur.

— Hé ! les jumeaux ! les interpella-t-elle. Vous vouliez affronter le meilleur démon ? Il est devant vous ! Nicolas a de loin toujours été le plus doué des apprentis. Bien meilleur que moi. Ses talents sont sans égal.

Les deux frères examinèrent le démon noir avec un intérêt renouvelé. Nicolas, lui, essayait de comprendre. Cette… cette fille qu'il détestait à s'en confesser venait-elle enfin d'admettre qu'il était le meilleur ?

— Sans égal ? Vraiment ? demanda Kim.

— C'est ce qu'on va voir ! déclara Cam.

Aussitôt, des éclairs apparurent dans les mains des jumeaux. Ils les lancèrent comme des couteaux à la figure de Nicolas. Un éclair lui brûla la joue, alors que l'autre vint exploser sur une de ses cornes.

— Aïe ! Ça pince ! se plaignit le démon noir.

— Arrêtez ! tempêta Alex. Vous allez tout faire sauter.

Les jumeaux n'avaient toutefois pas l'intention d'en rester là. Les éclairs se succédaient entre leurs doigts, soumettant Nicolas à un mitraillage en règle. Celui-ci tenta de se cacher derrière les caisses de bouteilles, mais Kim et Cam le pourchassaient de leur feu nourri à travers la cave.

Excédé, Nicolas adopta sa tactique habituelle face au danger : la fuite. Il disparut dans un bourdonnement d'ailes. Les jumeaux s'interrogèrent un moment du regard, puis se désintégrèrent à leur tour.

— Hé ! s'écria Alex. Idiots ! Vous auriez pu me détacher !

Un immense fracas se produisit au-dessus d'elle. La poutre du plafond venait de céder.

Le plancher du rez-de-chaussée était sur le point de lui tomber sur la tête.

Une bouteille explosa près de son crâne, puis une autre. L'alcool brûlant se répandit sur le sol, en direction du brandon échappé par Nicolas dans la bagarre.

Alex se tortilla sur le plancher. Elle devait atteindre le bâton enflammé avant que l'alcool prenne feu. Au terme d'un suprême effort de contorsion, ses doigts effleurèrent enfin le bois embrasé. Elle se saisit du brandon et tenta de se relever.

À sa surprise, ses mains furent de nouveau libres. Elle constata que les flammes avaient fait rôtir ses liens.

Sans essayer de se défaire de ses entraves, Alex sautilla vers l'escalier. Bondissant d'une marche à l'autre, elle allait atteindre le rez-de-chaussée lorsque l'explosion se produisit.

La rouquine fut projetée dans les airs par le souffle brûlant, défonçant portes et cloisons en flammes. Elle atterrit finalement au sein d'un amas de débris incandescents au deuxième étage.

— Alex !

Aussitôt, Thomas fut auprès d'elle. Il l'aida à dénouer ses liens et à se relever. La rouquine se permit un immense soupir. Elle avait vraiment cru que sa dernière heure était venue.

— Je m'excuse d'être arrivé si tard. J'aidais les suppôts à organiser les opérations. On a mis toute la gomme. Les deux mille apprentis traquent en ce moment même les anges de Lucifer.

Il fit une pause et regarda autour de lui :

— J'avais envoyé les jumeaux Kim et Cam, les deux apprentis les plus doués, te libérer. Où sont-ils passés ?

Le visage d'Alex se renfrogna. Elle garda pour elle ses commentaires sur la conduite des jumeaux. Au lieu de l'aider, les deux idiots l'avaient abandonnée afin de se mesurer à Nicolas. Bien sûr, en agissant ainsi, ils l'avaient débarrassée du démon noir. Sauf qu'elle avait failli être pulvérisée par l'explosion.

Les flammes vacillèrent devant elle. Un bref instant, elle crut discerner trois silhouettes entremêlées.

— Là ! s'écria Thomas.

Les flammes et la fumée tourbillonnèrent sur leur droite, puis sur leur gauche, avant que Nicolas et les jumeaux apparaissent à leurs pieds. Nicolas, le visage angoissé, semblait incapable de bouger. Kim et Cam le maintenaient cloué au sol en le tenant par les cornes et les ailes.

— Nous l'avons eu à la lutte, précisa Kim en reprenant son souffle.

— Très impressionnant. Bravo ! siffla Thomas.

Alex se contenta de retirer sa camisole en ronchonnant :

— Mettez-lui ça ! C'est censé empêcher de virevoler. Pour une fois, ce détestable personnage ne nous glissera pas entre les doigts.

8

Double défi

Thomas se fit une joie personnelle de ramener Nicolas sous terre. Une fois l'adolescent disparu en compagnie de son prisonnier, Alex se retrouva seule avec les jumeaux au milieu du brasier. Ceux-ci l'observaient à la dérobée en échangeant des murmures.

— Quoi encore ? s'impatienta la rouquine, les mains sur les hanches.

Les jumeaux s'avancèrent vers elle avec un air qui ne laissait présager rien de bon.

— Il nous est venu une interrogation, à mon frère et à moi, commença Kim en évitant de la regarder dans les yeux. Puisque Nicolas était meilleur que toi et puisque nous l'avons facilement vaincu, nous nous demandions…

Le jumeau hésita. Son frère compléta sa phrase à sa place.

— … pourquoi ne serions-nous pas les chefs de l'enfer ? Le royaume souterrain ne mérite-t-il pas ce qu'il y a de mieux ? Ne sommes-nous pas les meilleurs des meilleurs ?

Alex n'aimait pas du tout la tournure de cette conversation. Ni le ton ni les regards froids et calculateurs que lui jetaient les deux démons rouges. Elle recula d'un pas.

Trop tard. Les jumeaux étaient déjà sur elle et l'enserraient solidement.

— On se disait que ce Nicolas avait eu une excellente idée en voulant t'éliminer pour toujours, murmurèrent en chœur Kim et Cam.

En dépit de la chaleur, un frisson parcourut l'échine de la rouquine.

Le cauchemar recommençait. Elle songea avec amertume que plus personne ne pouvait se porter à son secours.

Alex sentit la colère monter en elle. Une colère vive, violente, incontrôlable qui vibra jusqu'au bout de ses cornes et de ses ongles. Elle irradia jusque dans les membranes invisibles de ses ailes et de sa queue fourchue qui s'allongea soudain.

Les jumeaux la serraient comme dans un étau ? Tant pis pour eux ! Se servant de leurs mains comme de leviers, la rouquine se roula en boule et se mit à tourner sur elle-même dans les airs.

Les jumeaux durent lâcher prise avant d'avoir les bras tordus. Alex se réfugia au plafond. Elle eut une bonne pensée pour ses petites ailes qui n'avaient jamais si bien volé.

Elle commença à tournoyer près des poutres incandescentes, à la recherche d'une issue. Un instant plus tard, un nuage de fumée de son cru la dissimulait au regard des jumeaux.

— Nous pouvons jouer au plus fin, nous aussi, lança Kim avec un rictus mauvais.

— Sauf que nous, on joue à deux contre un ! ajouta Cam.

Un éclair traversa l'écran de fumée et passa au-dessus de la tête de la rouquine et un deuxième emporta le bout de son espadrille.

Elle se sentit ensuite agrippée par une jambe, puis par l'autre.

Alex dut effectuer une nouvelle série de pirouettes pour se défaire de l'emprise des jumeaux. Elle s'enfuit en zigzaguant dans l'édifice enfumé, ses poursuivants à ses trousses. La rouquine sentait ses forces diminuer. C'était grâce à ses talents d'acrobate qu'elle avait réussi à esquiver les attaques des jumeaux jusqu'ici, mais Kim et Cam ne seraient pas toujours dupes.

Les jumeaux la rattrapèrent alors qu'elle s'engageait dans un corridor enflammé. Les deux frères volèrent à ses côtés. Du coin de l'œil, la rouquine entrevit celui de droite braquer son éclair vers sa tempe, et celui de gauche faire de même.

— Coincée ! grommela Alex.

La rouquine se demanda un moment comment elle pourrait bien résister à un tel tir croisé.

— Adieu, petite princesse, ricana Kim.

— Oui, adieu, jeune maîtresse, l'imita Cam.

Alex leva les bras pour se protéger et ferma les yeux.

Un choc violent la secoua. Son vol fut interrompu brusquement. Elle ne ressentit cependant aucune douleur, si ce n'est un tiraillement à la base de la queue.

Alex entrouvrit les yeux. Elle ballottait au ras d'une poutre de métal brûlant, suspendue dans les airs.

Emportés par leur poussée, les jumeaux n'eurent pas le temps de ralentir. Leurs visages surpris tournés vers elle, ils allèrent s'écraser contre le mur de briques qui fermait le corridor.

Alex regarda les jumeaux glisser lentement le long du mur. « Bien fait pour eux », se dit-elle en tentant de descendre de son perchoir. Pourtant, elle eut beau agiter ses ailes, elle resta accrochée.

Prise d'une soudaine inspiration, Alex allongea les bras et tâta son arrière-train. À sa grande surprise, elle constata que sa queue était enroulée autour de la poutre.

— Il sert enfin à quelque chose, ce truc-là !

Elle sentit l'appendice se dérouler, puis elle put se poser sur le plancher enflammé.

Le plus étrange, c'est que sa queue avait agi d'elle-même. C'était comme si ses ailes et sa queue SAVAIENT quoi faire, alors que l'adolescente l'ignorait. « Vivement l'école avec M. Ubald », songea Alex en se dirigeant vers les jumeaux.

Les deux frères n'avaient toujours pas bronché. Ils demeuraient face contre mur, encastrés dans les briques. Tout à coup, une partie du mur s'écroula sur eux en soulevant une gerbe de poussière noire. Un coin de ciel bleu apparut à travers la fumée, puis deux visages jeunes et d'une grande beauté surgirent entre les poutres carbonisées.

— Ces jumeaux vous tracassent encore, maîtresse ! s'écria Séraph 3583.

— Ils n'ont pas voulu de nous au ciel. Irrécupérables, paraît-il, précisa Chéru 48479. Ça nous a au moins permis de faire le plein d'énergie angélique.

— On n'en aura pas besoin, commença Alex alors qu'un faisceau de lumière incandescente heurta le dos d'un jumeau.

— Tiens, toi aussi, renchérit Séraph.

L'autre jumeau fut touché à son tour.

Les faisceaux se croisèrent un moment. Quelques éclats effleurèrent Alex.

La rouquine amorça un bâillement, puis s'écroula, endormie, sur le plancher brûlant.

* * *

Le lendemain, un appel anonyme conduisit les policiers à un immeuble désaffecté du quartier sud. Ils y découvrirent une quinzaine d'individus aux allures louches ficelés comme des saucissons au milieu d'un cercle constitué d'une quarantaine de cocktails Molotov.

Une note explicative, rédigée dans le style quelque peu ampoulé de M. Ubald, prétendait décrire en détail la manière de procéder de la bande d'ex-détenus, appelée «les anges de Lucifer».

L'inspecteur maigrichon parcourut la note, lut «Vaisseau noir» et «Chez Gontran», et tendit aussitôt la missive à son imposante collègue. La policière émit un grognement de satisfaction en terminant sa lecture.

— Nous les tenons !

9

Le dernier chapitre

Le fourgon cellulaire freina soudainement et la tête d'Antipatros heurta le mur du véhicule blindé. Il aurait bien voulu se masser le crâne, mais ses chaînes l'en empêchaient.

— Qu'est-ce qui se passe ? s'énerva Lucifer Jones. Et allez-vous me dire pourquoi vous me transférez à l'hôpital psychiatrique en compagnie de cet épouvantail ?

Le gardien qui les accompagnait haussa les épaules en cherchant par le hublot grillagé ce qui avait pu stopper la progression du fourgon.

Le visage de Lucifer Jones s'empourpra :

— Attendez de voir ce qui vous arrivera quand je deviendrai l'homme le plus puissant de la terre... et même des enfers, ce qui ne saurait tarder.

Le gardien éclata de rire.

— Tu viens de répondre à ta question, imbécile...

Il riait encore lorsque les portes blindées s'ouvrirent sur deux inspecteurs : un homme mince et une grosse femme, escortés par des policiers armés. La femme planta un mandat sous le nez du gardien.

Antipatros et Lucifer Jones échangèrent un regard interrogatif.

L'inspecteur maigrichon s'adressa à Lucifer Jones.

— Ta bande est décimée. Tes anges seront bientôt de retour en prison. Nous les avons tous arrêtés. C'est fini.

— Impossible, bégaya Lucifer Jones en regardant les policiers avec des yeux grands comme des soucoupes. Tout allait si bien ! Mon plan était parfait !

— Merci de cet aveu devant témoins.

Une preuve de plus qui sera retenue contre toi. Quant à toi…

L'inspecteur se tourna vers Antipatros avec un air perplexe.

— Ton rôle reste obscur, mais je te soupçonne d'être associé d'une façon ou d'une autre à cette série de méfaits.

Antipatros se contenta d'un haussement de sourcils. Quel contraste avec Lucifer Jones qui rageait et tirait sur ses chaînes !

— Non ! J'allais réussir ! Vous n'avez pas le droit !

La grosse policière s'emporta :

— On les ramène à la prison ! Un long interrogatoire les attend.

Le gardien indiqua deux paquets emballés de papier brun calés sous un siège.

— Qu'est-ce qu'on fait de leurs objets personnels ? Ils étaient inclus dans le transfert.

— Un instant, s'écria la policière intriguée par la forme allongée de l'un des paquets.

— On dirait une arme ! Ouvrez-moi ça !

Sous l'œil méfiant des enquêteurs, le gardien déposa le paquet sur le banc à côté d'Antipatros et entreprit de déchirer l'emballage. Tous se rapprochèrent pour mieux voir.

Le gardien pouffa à la vue de l'objet qu'il renfermait. L'inspecteur grogna en apercevant le parapluie noir.

— Notre cher compagnon ! déclara simplement Antipatros en tendant ses mains enchaînées.

À la surprise générale, le parapluie franchit de lui-même les quelques centimètres qui le séparaient du suppôt, semblant attiré par un aimant. Antipatros l'ouvrit aussitôt et, s'en servant comme d'un bouclier, repoussa à l'arrière du fourgon le groupe agglutiné.

Il s'ensuivit un curieux effet de domino. Le gardien tomba sur l'inspecteur, l'inspecteur sur un policier qui entraîna ses collègues dans sa chute. Pour couronner le tout, la grosse policière s'écroula sur eux, provoquant une mêlée indescriptible, ponctuée de cris et de protestations étouffées.

Profitant de la confusion, Antipatros utilisa la pointe de son parapluie pour se dégager de ses chaînes. Puis, agrippant Lucifer Jones par le collet, il prit la fuite à grandes enjambées.

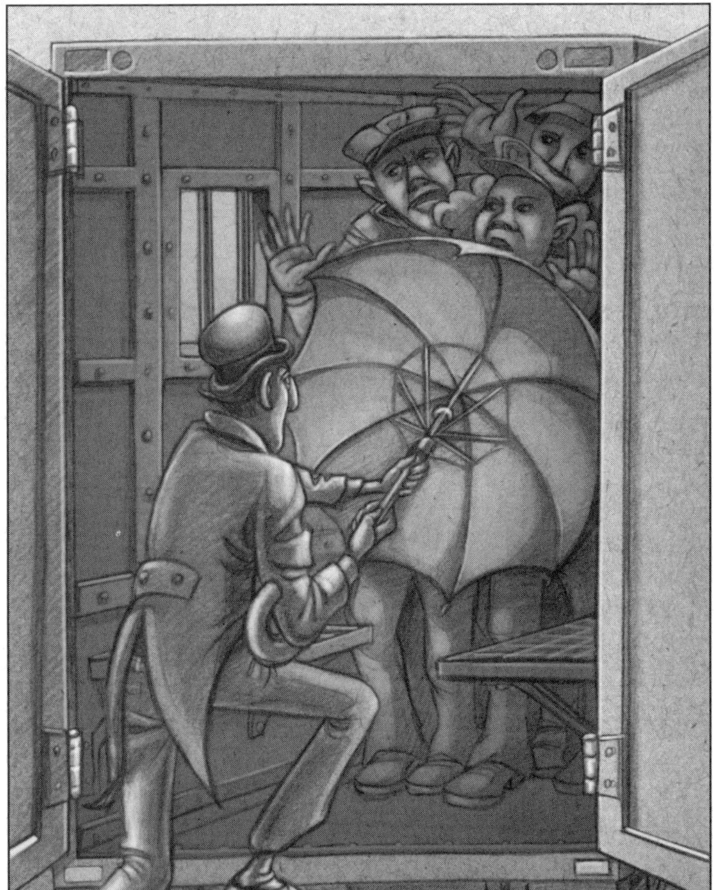

— Venez, cher ami. Quel bonheur que cet entretien se soit déroulé devant une laverie automatique. Nous y trouverons à coup sûr une sécheuse à notre goût et en bon état de marche.

* * *

Alex s'étira. Elle se réveillait d'un délicieux sommeil.

L'adolescente entrouvrit les yeux. L'esprit encore embrouillé, elle ne reconnut pas sa chambre. Elle dut cligner plusieurs fois des paupières avant de réaliser qu'elle se trouvait au dortoir de la section comptable des enfers.

— Bonjour, Alex ! tinta une voix enjouée.

Alex se retourna. Jacob la regardait avec un grand sourire. Ses yeux la fixèrent un long moment avant de se perdre dans le vide.

— Tu as encore progressé, toi ! se réjouit-elle, la bouche un peu molle.

Deux silhouettes pâles surgirent de l'ombre.

— Incroyable, non ? dit Séraph 3583.

Ayant retrouvé nos pouvoirs angéliques lors de notre bref passage au ciel, on s'en est servi pour stimuler Jacob.

— Désolé pour ce dodo imprévu, maîtresse… s'excusa Chéru.

Au contraire, Alex était éperdue de reconnaissance.

— Merci pour tout, les gars.

Dans un bruissement d'ailes, Thomas apparut, souriant, au pied du lit.

— Et merci à toi, Thomas. Je ne sais pas ce que je deviendrais sans toi.

— J'ai manqué quelque chose? s'enquit le garçon.

Alex éclata de rire.

— C'est moi qui en ai raté un bon bout. Comment ça s'est terminé, là-haut?

Le démon gris s'assit sur le lit.

— Eh bien… La bande n'est plus en état de nuire. On l'a discrètement livrée aux policiers. Les suppôts et les apprentis ont accompli un travail formidable, tu sais.

Le visage d'Alex s'assombrit. La réponse à sa prochaine question risquait de gâcher la joie de ces retrouvailles.

— Et Antipatros ? demanda-t-elle d'une petite voix.

— Nous vous souhaitons le bonjour, jeune Alex, articula une voix calme et posée dans son dos. Nous espérons vous trouver enfin remise de vos émotions.

Alex se retourna vivement. Puis, avec un cri de souris, elle sauta du lit et se jeta au cou du grand suppôt qui dut faire un intense effort de concentration pour préserver son calme.

On entendit un bruit de trompette et M. Asmodée apparut à son tour, séchant une larme sur sa joue ronde. À ses côtés, M. Ubald triturait sa moustache, l'œil brillant.

— Antipatros ! J'espère qu'un jour vous me pardonnerez de vous avoir abandonné là-haut…

Le suppôt la rassura aussitôt :

— Les aléas du métier, jeune Alex… Il arrive souvent que des suppôts, naturellement privés de certains dons diaboliques, soient laissés derrière ou tombent au combat. Notre bref séjour en prison aura toutefois été bénéfique, puisqu'il a permis de découvrir ce qui se tramait à la surface.

— Ça ne se produira plus ! protesta Alex en serrant très fort la main du grand suppôt. Plus jamais. Vous serez toujours à mes côtés !

Antipatros inclina dignement la tête.

— Qu'il soit fait selon votre désir...

— Et que sont devenus les jumeaux, Nicolas et Lucifer Jones ? demanda Alex.

M. Asmodée leva ses bras puissants.

— La renaissance des enfers se poursuit, gloussa l'imposant suppôt. Avec cet arrivage de criminels, nous avons pu rouvrir l'ancienne prison des enfers, celle qu'on réservait aux ogres et aux tyrans. Nicolas et les jumeaux y sont déjà. Quant à Lucifer Jones, il a demandé à voir celle qui a réussi à déjouer ses plans. Il est ici, justement.

M. Asmodée s'écarta pour révéler un vieil homme à l'air méchant, ligoté et surveillé de près par une demi-douzaine d'apprentis démons.

— Alors ? demanda Alex en examinant le nouveau venu.

— J'en ai assez de la prison. Mon retour en enfer est une punition suffisante. J'ai déjà été aide-suppôt. Rengagez-moi ! Je suis prêt à tout pour vous prouver ma bonne foi !

Alex avait déjà assez de problèmes sur les bras sans avoir à s'embarrasser de cet ancien ennemi. Elle avait tout un enfer à superviser, sans oublier qu'elle planifiait de rendre visite à sa mère.

À cet instant, un démon blond surgit en courant dans le dortoir.

— Princesse Lucifère, on m'envoie vous chercher d'urgence, bredouilla-t-il.

La rouquine fronça les sourcils :

— Qu'est-ce qui se passe ?

— Les toilettes de l'entrepôt sont bouchées et elles débordent.

Alex montra du doigt Lucifer Jones.

— Ce monsieur se fera unplaisir de t'aider, pouffa-t-elle.

Table des matières

Achevé d'imprimer
en août deux mille cinq, sur les presses
de l'imprimerie Gauvin, Gatineau, Québec